产业扶贫筑根基

CHANYE FUPIN ZHU GENJI

国务院扶贫开发领导小组办公室综合司
国务院研究室农村经济研究司 ◎编

中国言实出版社

图书在版编目（CIP）数据

产业扶贫筑根基 / 国务院扶贫开发领导小组办公室综合司，国务院研究室农村经济研究司编 . -- 北京 : 中国言实出版社，2020.12

ISBN 978-7-5171-3605-7

Ⅰ . ①产… Ⅱ . ①国… ②国… Ⅲ . ①扶贫－案例－中国 Ⅳ . ① F126

中国版本图书馆 CIP 数据核字（2020）第 233203 号

出 版 人 王昕朋
责任编辑 张 丽
责任校对 罗 慧

出版发行 中国言实出版社
地 址：北京市朝阳区北苑路 180 号加利大厦 5 号楼 105 室
邮 编：100101
编辑部：北京市海淀区花园路 6 号院 B 座 6 层
邮 编：100088
电 话：64924853（总编室） 64924716（发行部）
网 址：www.zgyscbs.cn
E-mail：zgyscbs@263.net
经 销 新华书店
印 刷 北京中科印刷有限公司
版 次 2021 年 1 月第 1 版 2021 年 1 月第 1 次印刷
规 格 710 毫米 ×1000 毫米 1/16 18.25 印张
字 数 250 千字
定 价 68.00 元 ISBN 978-7-5171-3605-7

本书编委会

目　录

特色产业篇

科技引领篇

创新模式篇

融合发展篇

特色产业篇

百里脐橙走廊带富10万农户

杨　娟　肖坤林　谭善凯

2020年3月2日，经湖南省人民政府门户网站发布，2019年全省最后20个贫困县脱贫摘帽，邵阳市新宁县位列其中。

新宁县的“摘帽”，得益于“一颗”脐橙。

“儿郎上学堂，小伙娶新娘，老爹盖新房，手中方向盘，碗里半年粮，全靠脐橙来帮忙。”这是新宁县流行的新民谣。

近年来，新宁县委、县政府认真落实湖南省“百里脐橙连崀山”的战略定位，以创建国家和省级现代农业产业园为目标，积极探索

新宁贫困户采摘脐橙

"脐橙 + 旅游 + 扶贫""园区 + 景区 + 扶贫"等各种带动模式，促进了脐橙主导优势产业高质量发展和产业精准扶贫工作高质量推进。

2019年，全县脐橙种植总面积达46万亩，年产量45万吨、产值30亿元。2016—2019年，新宁县4.92万贫困人口通过发展脐橙产业稳定脱贫，占全县总脱贫人数的52.4%，近10万农户40万余人口在百里脐橙走廊上快速步入小康。

荒山变金山——10万农户开启致富模式

新宁以山多、山高、山美闻名，全县海拔400米以上的各类峰岭约占全县总面积的65%，其中大云山主峰1995米，崀山是世界自然遗产、国家地质公园、国家5A级风景名胜区。

然而，过去的新宁，一面是风景美如画，一面却是贫穷深似海。新宁县拥有建档立卡的贫困人口12.13万人，贫困面广、贫困度深，是湖南省脱贫攻坚难度最大的县市之一。

靠山吃山，新宁县委、县政府牢固树立"绿水青山就是金山银山"的理念，念好"山"经，唱好"山"歌，按照"山顶戴帽子（营造森林）、山腰系裙子（种植脐橙）、山脚穿鞋子（种植水稻、油菜等）"空间规划布局，鼓励全县果农充分利用海拔450米、坡度25度以下的荒山、荒地、荒土发展脐橙种植，对贫困村、贫困户在脐橙生产上的高标准建园、果园路等脐橙园基础设施建设给予补助，对建档立卡贫困人口新种植的脐橙每亩奖补1200元。据统计，全县46万亩脐橙园有近40万亩种植在山腰上。

新宁县财政每年整合资金5000万元以上用于脐橙产业发展。在为果农免费提供种苗的基础上，对因家庭无劳动力种植脐橙的，由村"两委"组织劳力上门提供帮助，为缺资金的果农提供1万—5万元

“免抵押、免担保”贴息贷款。对直接用于脐橙种植的设施用地，按农用地管理，给予农业企业在土地利用、信贷、税收等方面的政策支持，对贡献突出的涉农科研单位给予农业开发项目等方面的优先立项支持。

金石桥镇曾家桥村曾经是个地处偏僻的小山村，村里有大面积荒山。如今，曾家桥村在大岭山上开荒 2500 亩，新种植脐橙树 13 万多棵，投入使用资金 2400 多万，带动村里贫困户脱贫。

每到深秋时节，稻子熟了，橙子黄了，整个新宁宛如一座巨大的金山。依托脐橙产业，当地农民过上了小康生活。

农民变股民——贫困户每年分红近 3 万元

为加快推进现代农业产业园创建工作，新宁县委、县政府制定出台了《关于加快脐橙产业发展的决定》和《关于进一步推进脐橙产业发展的决定》，积极引导土地向脐橙种植大户、脐橙合作社和龙头企业等新型农业经营主体集中，以产业园为平台，农民以土地入股和资金入股的形式参与产业园建设，闲散土地、资金、人力等要素向产业园集中，提升了脐橙产业规模化、标准化、组织化水平。通过土地、资金入股，农民变成了股民，在家门口解决了就业问题，土地流转得租金、果园管理有工资、公司收益能分红。

金石镇月汉村是新宁县典型的脐橙种植专业村，全村共有农户 680 户，其中有 386 户以土地、技术、资金等形式入股新宁县龙丰果业有限公司或新宁县月汉脐橙专业合作社，并在龙丰果业有限公司务工，每年农民可分红 50 万元、领取工资 160 万元以上。

目前，新宁县有 3.73 万农户由农民变成股民，平均每户工资性收入 4.8 万元，每年分红近 3 万元。

通过创建现代农业产业园，以产业转型升级促进贫困人口技能升级，全县培训脐橙种苗嫁接、剪枝治虫、水肥管理、包装冷藏等各类技术能手1700余人，成为脐橙产业链条各个环节的新能人。

金石镇月汉村村民刘强2014年以前是该村和周围村有名的懒人和光棍汉，2013年冬天在原县农业局领导的多次上门劝导下，由村“两委”为其协调解决承包了30亩的荒地，在2014年春季种植了30亩优质脐橙，县农业局免费提供种苗并提供全程技术服务。2016年他家的30亩脐橙园开始挂果，2018年，刘强光脐橙收入就超过了10万元，不仅顺利脱了贫，还盖起了新房，更叫人高兴的是他谈上了对象。目前，刘强已是月汉村脐橙专业合作社的业务骨干，经常被合作社安排到县内脐橙产业发展新区为农民上课，成了名副其实的脐橙能人。

园区变景区——产业融合助力乡村振兴

2018年4月21日，湖南省省领导在新宁调研时提出了“百里脐橙连崀山”的发展理念。为落实好这一发展理念，新宁县积极探索“脐橙+旅游+扶贫”“园区+景区+扶贫”等各种带动模式。

紧紧围绕“景区变产区、产区变园区”的发展思路，新宁县现代农业产业园创建工作中，突出做好崀山旅游、崀山脐橙两大优势产业融合文章，重点打造百里“崀山脐橙”主题观光走廊，开发出“春季赏花、秋季赏果、冬季采摘”等不同季节的脐橙旅游项目，发展了脐橙花观光、采摘体验、脐橙宴、脐橙田园小戏等特色项目，启动了脐橙产业观光园、休闲农庄等项目建设，成功打造了3条10万亩精品脐橙旅游观光带，建成脐橙旅游观光园21个面积近20万亩、休闲农业企业26家，黄龙脐橙小镇被认定为湖南省首批十大农业特色小镇之一。

依托景区建园区，建好园区更好地服务景区，二者相得益彰，同放异彩，新宁县初步形成了“一心一区一廊”的现代农业脐橙产业集聚区发展格局。“一心”即以金石镇为中心的脐橙产业核心区，统筹加工、物流、研发、服务等功能板块，建成了为脐橙产业全链条服务的 7 个中心。“一区”即崀山核心景区农旅一体化示范区，以景区保护为先建成 3.8 万亩的脐橙观光果园。“一廊”即脐橙主题休闲观光长廊，充分发挥“美景”+“美食”叠加优势，打造了回龙寺到水庙镇的脐橙生态种植与休闲观光长廊。

“又见脐橙黄，又见脐橙黄；层层的梯土翻金浪，一座座山峦闪金光；脐橙的海洋，阿哥的银行……”2019 中国崀山第五届脐橙文化旅游节开园式、开幕式在湖南脐橙小镇——黄龙镇三星村和世界自然遗产地、国家 5A 景区崀山同步举行，吸引了国内外的无数观众。

变成景区的脐橙园，人气旺，产业兴，新宁山村从脱贫摘帽到乡村振兴的步履坚定而有力。园区新增就业岗位 3500 万人，5189 贫困人口脱贫。与此同时，2019 年，崀山景区旅游收入同比增长 16.3%，脐橙产业园总产值 30 亿元，同创历史新高。

金米村的金“耳朵”

李琭璐

“一山未了一山迎，百里都无半里平。”唐代诗人贾岛对秦岭南麓的土石山区地貌有着生动的描绘，他认为这样的地方“只堪图画不堪行”，而陕西省商洛市柞水县小岭镇金米村，就藏在这样的山区中。

身处全国14个集中连片特困地区之一的商洛市，是陕西脱贫攻坚任务最为艰巨的地区。2020年2月27日，商洛7县区宣告全部实现脱贫“摘帽”，啃下了最后一块硬骨头，出色完成“打赢脱贫攻坚战”这份答卷。

“借棚还耳、借袋还耳”——从输血到造血的扶贫之路

众山环绕下的金米村，犹如一颗蚌中珍珠，散发着勃勃生机。

十几年前，曾因“山上有金、地上有米”而得名的金米村，还是个“晴天一身灰、雨天两腿泥”“吃水肩挑人抬、赶集翻山越岭”的贫困村，2015年贫困发生率达21.85%，全村建档立卡贫困户有188户553人。

秦岭多宝，木耳就是其中一个。两年来，柞水县把木耳产业作为“一县一业”的重点来抓，带动贫困群众增收致富。金米村由此发生改变，2019年底，贫困发生率降至0.23%。

在金米村，村集体经济组织与企业签订借贷合同，农户与村集体

经济组织签订“借棚还耳、借袋还耳”协议，村集体免费提供大棚和木耳菌袋，每季木耳采摘结束后，农户将成品耳上交统一销售，村集体将销售资金扣除借袋成本后返还贫困群众，贫困户无须资金就能参与木耳产业。

立夏时节，金米村村民肖青松和妻子何小燕正在大棚里采摘木耳，只见他大拇指和食指轻轻一拧，深褐色的木耳便落入袋中，“这些都是我们的金‘耳朵’，要小心摘下来，才能卖个好价钱。”4000 多平方米的大棚里，整齐有序挂着 17 万个菌袋，每个菌袋上密密麻麻生出 200 多个黑黝黝的木耳。

几年前，肖青松在建筑工地打工，收入不稳定。年近古稀的母亲陈多秀看到村里发展木耳产业，也想承包一个大棚，奈何年纪大了，身体不好，于是她便把儿子喊了回来。2019 年，肖青松承包了两个大棚，共 3.36 万个菌袋，当年收入达到 4 万余元，一举摘掉了贫困的“帽子”。

摘“帽”的肖青松还主动帮助两户贫困户发展木耳产业。第一年，肖青松带动的贫困户，每户增收 4 万元左右。2020 年，他带动的户数增加到 3 户。类似的例子还有很多，正是不断有群众加入进来，金米村的木耳产业才越来越兴旺。

和肖青松一样，王绍华、刘尊珍、卢传财等几户刚刚脱贫的群众也各自承包了大棚，刚刚采收的千余斤木耳让他们尝到了收获的喜悦。

四级联动——为小木耳插上科技的翅膀

2017 年以前，柞水县木耳产业主要是农户自主栽培的传统生产模式。为带动更多贫困群众增收，柞水县委、县政府立足优势，将木耳作为全县脱贫攻坚的主导产业，举全县之力发展壮大。

木耳产业发展技术要求高。柞水县作为科技部的定点帮扶县，由科技部牵头建立了部、省、市、县科技管理部门“四级联动”工作机制，创新探索了“三联三帮三带”科技扶贫模式，最大限度在政策、技术、资金等方面给予支持。

2018年初，科技部选派了第30届科技扶贫团柞水县执行团团长利斌到县里挂职。到任后，利斌发现柞水木耳没有地方特色菌种，缺乏生产技术规范和质量溯源体系，导致生产成本高、风险大。他协调搭建了李玉院士工作站、木耳菌种繁育及深加工基地等创新平台，联系吉林农业大学、陕西科学院微生物研究所、阿里巴巴等单位和企业，全力突破木耳产业技术研发滞后、生产管理粗放、市场销售不畅、深加工产品匮乏等制约瓶颈，探索形成了科技驱动木耳产业发展的机制，促进木耳产业实现可持续、高质量、全链条发展，让当地农户稳健地走上了致富路。

“食用菌产业具有实现农业废弃物资源化、推进循环经济发展、支撑国家食物安全‘三个特征’和不与人争粮、不与粮争地、不与地争肥、不与农争时、不与其他争资源的‘五不争’特点，我们一定要全力支持柞水木耳产业的发展。”提到当初为何与柞水县合作，中国工程院院士、吉林农业大学教授李玉说。

柞水木耳产业插上了科技翅膀。在李玉的带领下，吉林农业大学食药用菌科技创新团队在当地建立了院士专家工作站，先后派遣科研骨干人员30余人次，累计培训农户和技术人员千余人次，为柞水选育出5个宜栽品种大面积推广，并研发出木耳超微粉、木耳益生菌等示范产品，有效提升了附加值。

同时，依托陕西科学院微生物研究所技术力量，当地建成了木耳技术研发中心，成功培育出羊肚菌、竹荪等珍稀食用菌。借力西北大学和阿里云的技术，柞水建成了全国首家集生产管理、农户指导、质量溯源等于一体的木耳大数据中心，有效提升了产业管理水平。

目前，柞水已搭建了木耳研发中心、大数据中心、原种繁育中心、培训中心及木耳主题公园、博物馆等平台，研发出了木耳菌草茶、益生菌、挂面等深加工产品，通过“借袋还耳”“借棚还耳”、土地流转等方式，帮助全县6944户产业扶持户户均年增收5000余元，稳固了长效产业脱贫之路。

利斌说：“科技在柞水木耳产业发展中发挥了积极作用，未来我们将加大关键环节技术攻关和科技元素植入，在抓好木耳废弃菌包综合利用的基础上，全力推动木耳全产业链发展，让更多群众增收致富。”

“双联双带”——集体经济激发致富新动力

5月的金米村，到处郁郁葱葱。绿荫下，几阵微风拂过，片片树叶像欢迎远道而来的客人，沙沙作响。在木耳智能大棚里，技术员吴正超正帮村民解答生产中遇到的问题。

“吴老师，我昨天摘木耳时发现菌包里有积水，不知道是什么原因。”村民问。未等吴正超发话，一旁的肖青松立刻解释：“那是因为晾棚天数没够，菌包根部有伤口，伤口没有愈合进了水，你要拿小刀划口放水。”

包村干部吴正超是小岭镇社保站站长，同时也是木耳种植技术指导员。2019年初，柞水县农业农村局请来东北木耳技术指导员，吴正超就一直跟着学。学会后，他组织大家集中培训，现在他指导的肖青松等已成了技术标兵。

“两年间，全村的木耳产业增长到百万袋级，离不开我们每位党员的努力。”金米村党支部书记、村委会主任江百川说。2020年，金米村的木耳数量将达到185万袋，共有89个大棚及部分地栽木耳，其中智能连栋木耳大棚5个。“农户通过手机即可实现对大棚的控制，同时根据实时数据电脑分析，自动控制通风、遮阳、喷水等操作，实现了大棚操作实时化、智能化。”江百川说。

在江百川看来，这一切与金米村坚持把发展壮大集体经济作为产业脱贫的有效支撑密不可分。金米村组建了金米村股份经济合作社，推行“党支部+集体经济+贫困户”模式，通过支委联产业、党员联农户，党员带头致富、带领群众致富的“双联双带”模式，将全村贫困户都纳入进来。村党支部引进农业龙头企业建成木耳分拣包装生产线，带动贫困户130户，户均年增收4600元。

如今，金米村不仅有金“耳朵”，林下经济也成为主导产业的有效补充，发展中药材和早园竹套种基地500亩30万株，通过领养和租赁经营，带动贫困户32户。

时下，江百川正积极和旅游公司联系，希望开拓金米村的周边产业：“我们准备将两边山沟坡地开发出来，搞采摘园。还想将村里的土房利用起来，发展民宿。让客人来了金米村，有吃、有玩，最后还能带上我们的特产离开。”

产业扶贫点燃“新生之火”

杨丹丹

扶贫要靠产业带动。面对纷繁的市场，选择什么样的产业、如何让产业经受市场的考验，是出给基层的一张“大考卷”。在安徽泾县山区，当地贫困户因地制宜发展特色产业，并在产业扶贫政策带动下干出活力、干出激情、干出精气神的生动面貌。

他养的牛羊　政府食堂排队订

“乡亲们看到我天天户外放牛，知道我是用纯天然的方式养牛养羊。尝过牛羊肉更是赞不绝口。春节前牛和羊就早早被预订一空。镇政府食堂打我电话想要两只羊，我告诉他们只能等明年了。”琴溪镇马鞍村的郭东海非常自豪。他的羊舍紧挨着自家房屋，几十只小羊欢快地叫着。再往后走上几十米，就来到他家的天然牧场——一片杂草丛生的滩涂地，几头黄牛正悠然地吃着草。

郭东海腿脚残疾，离婚后带着独子艰难地生活，2014 年被定为建档立卡贫困户。刚开始，他凭着做过检疫员的工作经历养了几只羊、几十只鸭。后来慢慢发展壮大，现在养了 13 头牛、100 多只羊。

郭东海的牛羊吃草长大，但自家的地离得比较远。在当地村镇干部的帮助下，他把家里的土地租赁给他人种植，在牛棚附近流转了 10 亩地，种植一茬黑麦草和一茬玉米。“每年卖玉米的钱够交土地租金的，黑麦草和玉米秸秆就成了牛羊的饲料。粪便我又收集起来回田肥地，循环利用减少了投入。”郭东海这笔账算得非常精准，他说，以前出栏的羊都是卖给经纪人，后来发现如果自己屠宰卖肉，每头可以多挣100多块钱，他又自学了屠宰技术，现在直接卖肉。

2016年，郭东海正式脱贫。看着他身残志不残，日子一天天过得红火起来，一位邻村的姑娘看上了他，他又再次成了家。“这么多的牛羊全靠我和我哥两个人，我每天早上五点半就得起床，一直忙碌到晚上十点以后才能休息。”郭东海说，忙碌的生活却让他品出了别样的幸福味。

订单握在手　扩大养鸡规模不犯愁

见到云岭镇光明村的王光和时，他正在给鸡舍消毒。由于先天性残疾，双手肌肉严重萎缩，王光和走起路来身体摇摆，显得很不协调，但说起话来声音洪亮。

“云岭锅巴的王总去年就给我下了今年的订单，18万枚土鸡蛋，每枚1元钱的收购价。所以我今年要新建一个鸡棚，扩大养殖规模。除了自筹资金，我还贷了十几万的款，过两天就要开工了。”王光和对自己未来的市场充满了信心。不仅建起了合作社，还以自己的名字注册了“泾县王光和养殖场”。

“当初是因为有个朋友让我帮忙收购土鸡蛋，跑了好几个村民组也没有收到，于是我决定养鸡。”王光和说，他找了一个偏僻的山头，靠着贫困户享受的5万元贴息贷款开始养鸡。他散养的皖南黄脚鸡10个月才出栏，肉质鲜美，鸡蛋口感好，市场供不应求，第一批500多只土鸡当年就实现了盈利。王光和逐年扩大了养殖规模，去年达到了6000只。

“今年一期的鸡舍准备养6000只。旁边那块地上正在盖二期鸡舍，增加养殖 1 万只。”王光和说，在农业种养补助、就业扶贫一次性创业补贴等扶贫政策支持下，他依靠养殖土鸡创业致富的路越走越坚实，脱贫致富的他还雇了两位贫困户来帮忙。

猪圈变身加工厂　脱贫致富解民忧

茂林镇唐里村村民丰园在家门口的竹制品厂务工。“以前在家带孩子，基本上没有什么收入。通过村干部的介绍，现在一个月能挣 2000 多块钱。”丰园说。

唐里村位于茂林镇西南部，林地面积近 2 万亩，毛竹面积更是占整个林地面积的一半。熟悉这里的人都知道，唐里村毛竹林生态独特，竹海远近闻名。不过，近年来因交通不便、外出人口增多等因素，毛竹销路一度打不开。砍伐竹子费时耗力，村里的青壮年大多外出打工，聘人砍竹子的工钱还抵不上收购价，村民们自然不愿意再卖毛竹。

镇村干部赴宁国、广德、安吉等地实地进行考察，看到不少类似的村落因开展毛竹精加工而重新焕发活力，于是决定立足竹资源优势发展竹产业，进一步提高毛竹的附加值，让丰富的竹资源产生更多经济效益，同时也能带动贫困户和村民就业务工。

唐里村“两委”申请财政扶贫资金 128 万元，用于征地 18 亩、建设厂房 1600 平方米和硬化场地 3000 平方米。通过公开招标的方式，将基地 5 年的经营权发包给齐云竹木制品有限公司，并利用项目收益资金 20 万元入股该公司。

“以前这块地上是个养猪场，常年散发气味，老百姓意见颇大。拆除后，我们招商引资了这家竹制品企业，不仅解决了当地老百姓毛竹无法处理销售的难题，还带动农民就业增收。正是找准了产业项目与群众受益结合点，产业扶贫才有活力。”据村支部书记文兆麟介绍，这家来自浙江的竹制品公司以凉席丝、烧烤丝、棉签丝和卫生竹筷等毛竹制品为主要产品，产品用途广泛，供不应求，下一步还将扩大产业链。

产业有市场，农民有干劲。县委、县政府做好配套的制度和政策设计以保障产业发展。“我们将脱贫攻坚作为首要任务，鼓励乡村振兴项目实施做到‘三优先’：优先盘活利用贫困户资源，优先收购贫困户农产品，优先安排贫困户就近就业，切实增加贫困户收入、带动脱贫致富。”泾县农业农村局副局长田晓祥介绍说，他们今年还开展了农业产业扶贫保险试点，对泾县范围内具有产业发展条件的贫困户自主从事特色种养业且达标的产业开展保险，保险金由财政资金支付，保险金额每户上限为 6000 元。

截至 4 月底，所有扶贫项目全部按时序进度扎实推进，共拨付扶贫资金 6027.23 万元，进度 95.16%。全县已优先吸纳贫困户 4000 亩耕地入股龙头企业、合作社等，安排贫困户就近就业 2103 人，每月平均增加工资性收入 1700 余元，带动贫困户 6469 户，占贫困户总数的 70%。

把“两花一林”做出“花”来

——河北省枣强县推进产业扶贫提质增效纪实

邓保群

近年来，河北省枣强县的扶贫产业既有“准星”，也有耐心，在因地制宜选好“5+3+N”产业体系（5大特色养殖产业，3大生态种植产业，百企联千户、公益岗位、扶贫车间等N条就业路径）后，一张蓝图绘到底，坚定不移抓落实，走出了一条兴业富民的新路子。2018年9月，枣强正式脱贫摘帽。

扶贫产业不仅要“立得住”，还要“长得大”。在夯实原有产业基础上，今年3月，枣强又结合实际谋划了金银花、玫瑰花、杜仲林的“两花一林”产业，以期通过规模化、现代化的产业培育，带动全县农业结构调整，推进脱贫攻坚与乡村振兴的有机衔接。

“脱贫摘帽不是终点，而是新生活、新奋斗的起点。”枣强用好本土资源，把握市场规律，创新帮扶模式，着力探寻可持续的产业发展路径，力争把“两花一林”做出“花”来，让贫困群众实现可持续增收，为奔康之路增光添彩。

增效益：统筹兼顾谋布局

枣强缺水，多年来农业生产用水造成地下水源匮乏，已形成漏斗区，前几年不得不狠抓地下水超采综合治理。枣强的土地资源丰富，适于发展林牧业。这里的土壤矿物质养分较为丰富，但有机质、速效氮、磷养分缺乏，易受旱涝、盐碱化威胁。

趋利避害，合理调整种植业结构，促进农业产业发展与生态环境良性循环，成为枣强推进农业现代化的一项长期战略措施。经过反复论证调研，枣强最后敲定了耐贫瘠、易种植、好管理、收益期长（可达30年）的“两花一林”产业。

“县委书记和县农业农村局的专家们奔波半年多，跑细了腿儿，最终才选定了它们。”枣强县农业农村局干部付金珍说。

“搞好产业不仅要算好经济账，还要懂生态账。”枣强县委有关领导介绍，金银花、玫瑰花属灌木，可作为绿化树种种植，能起到美化景观效果；杜仲树树干通直、树叶浓密紧凑，是理想的城乡绿化树种，其根系发达，具有很强的水土保持能力，可用于流域治理、防风固沙、荒山绿化等。

今年1月份刚被住房和城乡建设部命名为国家园林县城的脱贫摘帽县决定：绿化造林与“两花一林”种植齐头并进，而且，用好沿路沿线、房前屋后等土地资源，着力解决好种植用地问题。

于是，在大广高速、邢德线、肃临线等主干线路两侧，县政府统一征地绿化造林，林下种花；在部分村镇及道路两侧打造种植示范带；各乡镇利用造林大方或农业园区发展规模种植；各行政村利用集体用地、闲散土地发展庭院林花经济。

“金银花产业在我们这儿已经成型，前景可期。”站在杨黄洼村成方连片、郁郁葱葱的金银花苗前，恩察镇党委书记说，作为“两花一林”产业第一支“先头部队”，十几天工夫就在全县铺开，令人颇感自豪。

统筹兼顾、精打细算，方寸之间显功力。截至目前，枣强种植金银花10598亩，实现贫困户人均1亩金银花；种植大马士革玫瑰示范区

3500 亩，示范新品种 1500 株。今年 11 月，在现有 300 亩杜仲树的基础上，依托吉祥现代农业园区发展杜仲叶林 1000 亩。

合理有效地规划产业发展，专业的力量不可或缺。枣强专门邀请全国扶贫产业发展专家李双星到枣强授课，对“两花一林”产业布局出谋划策、精心把关，枣强县农业农村局也安排专人指导服务，确保项目技术到位。

拉长产业链：随行就市善开发

要稳妥实现从农产品到商品的转变，树立市场思维、形成市场意识、把握市场规律，弥足关键。为此，枣强县领导班子下足了功夫。

经调研，国内市场的金银花主要为药用，1/3 的中药处方要用到金银花，现在其应用领域已延伸到食品、饮料、化妆品、茶品等领域。资料显示，近几年全国金银花需求量在 3 万吨以上，而供货量仅 1.8 万吨左右，国内开发的金银花系列产品在国外取得良好的市场表现，潜力巨大。

枣强除了积极筹划金银花生产基地，还计划在生态旅游区栽植金银花，每年 6 月至 10 月的开花期，让游客在游览山水的同时，又能闻花香、采花茶、泡茶饮，实现一二三产深度融合。

玫瑰花茶、玫瑰花精油等产品的市场需求呈逐年上升趋势，属于朝阳产业。枣强发展玫瑰花种植 5 年多，建成玫瑰观光园、玫瑰花深加工基地，已有一定产业基础。每年 5 月 1 日前后举办的玫瑰节，正在不断扩大自己的品牌影响力。2018 年被农业农村部评为“中国美丽休闲乡村”的八里庄村，现在正在全力打造全国单体最大、产业链最全、科技含量最高的玫瑰产业特色小镇。

杜仲树是我国特有的经济植物，也是名贵的中药材，素有“东方神树”“植物黄金”的美称。其提取的杜仲胶可应用于绿色轮胎、医疗器械、运动材料、天然食品等领域。杜仲叶和杜仲雄花可加工成杜仲茶、杜仲酒、杜仲口服液等。以杜仲叶为主要原料的健康及功能性饲料拥有巨大的潜在市场，可广泛应用于猪、牛、羊及家禽养殖。

作为经济林产业建设工程的一部分，枣强以中国医学院药用植物研究所为科技支撑，在肖张镇建设50亩以上的百草园和研发基地，在郑昔路以北区域建立杜仲种植基地，并推进杜仲工厂化生产。

任何一项产业都有一定的市场风险，枣强专门制定了防范和处置风险的有效措施，让农户吃上“定心丸”。作为中国金银花行业的龙头企业，山东九间棚集团与枣强签订合作协议，在枣强成立分公司，不仅安排技术人员跟踪指导金银花项目实施的各个环节，保证金银花优质高产，而且还签订了产品回收合同，按照保底价格60元/公斤回收，若市场价高于60元/公斤，随行就市，以质论价，农户不必担心金银花的销路问题。

增收入：联农带贫添动力

推进产业扶贫，要充分体现“产业+扶贫”的内涵，核心是要实现产业发展与贫困人口的精准对接。除了要把握好市场和产业发展规律，还要充分发挥产业对贫困户脱贫增收的带动作用，激发贫困户的内生动力。

为此，枣强县创新“两种模式”，即“资产收益”和“联农带贫”模式，建立起贫困户与产业发展主体间的利益联结机制，解决好主体责任和收益分配问题。

“资产收益”模式，即“林下借地、托管运营、乡镇统筹、收益共享”。县财政提供1586万元专项扶贫资金支持，由乡镇委托专业合作社管理，实施“种管销”一体化运营。产业收益实行村级二次差异化分配，贫困村将其列入集体收入，非贫困村列入委托管理费。无劳动能力的贫困户可直接分红，有劳动能力和弱劳动能力的，通过参与公益岗位获取收入，贫困户人均年可获得收益2000元。

“联农带贫”模式，即“借地托管、带苗入社、联农带贫、抱团发展”。贫困户携种苗入股村级合作社，在集体用地、农村空宅等闲散土地进行种植，专业合作社负责管理，乡镇验收合格后给予贫困户成本补贴，收益由村集体、贫困户、非贫困户合理分配。同时，村级合作社对其他农户赊供种苗，次年产生收益后收回垫资，收益归农户所有。

截至5月底，全县11个乡镇已与吉祥、欣苑等17个农业专业合作社达成合作意向，进行托管经营。

“扶贫办法千万条，让贫困农户参与是第一条。”县委有关领导说，县里实施的“两种模式”，匹配贫困群众的参与能力和实际需求，调动了贫困户的参与意愿，获得大家广泛支持。

对此，杨黄洼村的杨保坚和王海霞深有感触。

“除了分红，我再过来干点儿零活儿，一天又能挣一百多块钱。一个事儿俩收入，挺好！”在特困户杨保坚看来，打理金银花比种地要简单很多，自己完全能胜任。

王海霞的叔叔也是村里的特困户，最近他身体不太好，王海霞就替他出工，“我年轻，一天能挣一百五六十块。这个事儿好，帮了我叔他们这些困难户，也给我们提供了挣钱的机会。”

没有稳固的产业支撑和就业保障，贫困群众的脱贫就是“无根之木”，不能将目光放在长远发展上，就无法建立起可持续的脱贫和防止返贫的机制。“两花一林”产业的兴起，是枣强现代农业产业提升工程的重要组成部分，是构建脱贫攻坚与乡村振兴有机衔接的一步“先手棋”。开局平稳，战略清晰，潜心耕耘，静待花开。

做强茶品牌　引领脱贫路

——湖北恩施州咸丰县将生态富硒资源优势转化为市场优势

王小川　连　庆　王斯烈　张　欧

地处武陵山区腹地的湖北恩施州咸丰县是农业农村部、湖北省政府认定的优势茶叶区域。作为民族地区、革命老区、武陵山区、贫困地区、生态功能区“五区叠加”的特殊区域，近年来，咸丰立足绿色生态与富硒优势，将茶叶作为脱贫攻坚的支柱产业，按照“基地做绿、加工做深、龙头做强、品牌做响、销售做畅、链条做长”的思路，抢抓政策机遇，努力走出一条高质量茶叶扶贫之路。

咸丰唐崖茶种植园

好山好水　种出绿色好茶

咸丰是“世界硒都”“华中药库”“鄂西林海”的核心板块之一，环境底子虽好，可是产业脱贫路在何方？2006年3月，原农业部干部王晓红从北京来到咸丰，挂职任县委副书记。王晓红带领县原农业局干部多次进村入户调研，决定在高乐山镇龙坪村发展乌龙茶。

那时，湖北省尚无一亩乌龙茶。无种苗、无技术、无工艺，发展乌龙茶，岂不是天方夜谭？

村民们谁都不愿率先尝试。王晓红在开大会时，从自己钱包里拿出5000元，承诺种亏了自己掏钱补。一周之内，镇里33名干部共同筹资38万元，以每亩600元的租金，租赁260亩土地种上了乌龙茶。

提高农产品附加值，加工是关键。咸丰引进福建茶商进驻龙坪，办起了全省首家乌龙茶加工厂。2009年，茶园开始逐步产生效益，干部的示范效应开始显现。农民想收回租地，自我发展，干部就将基地无偿退还农民。正向效应引导下，全县茶叶面积不断增加。

咸丰坚持高起点谋划，加强茶产业发展顶层设计：制定了《茶叶产业发展十三五规划》等系列规划，建设以白茶、乌龙茶、红茶为主的3个重点茶叶种植区，打造200公里茶叶走廊带、7个重点茶叶乡镇和62个重点茶叶村。出台了《关于进一步加快咸丰县产业发展的十条意见》等文件，形成了支持茶叶产业发展的政策体系。整合县域精准扶贫资金和涉农项目，投资2.4亿元用于茶叶基地建设、扶持市场主体等关键环节。

为了将生态资源优势更好地转化为产业优势，咸丰大力推进高标准绿色茶园建设，开展有机肥替代化肥行动，共安装茶园肥水输送管道1.1万米，直接灌溉茶园面积3000亩以上；建成“茶园智能水肥一体化”技术示范区148亩，建设茶叶有机肥替代化肥示范基地2.32万亩，化肥用量减少30%。

34岁的沙坝村村民辛桥2008年回乡打理10亩茶园：“县里推行标准茶园建设，不仅有公司和政府搞技术培训，帮做技术指导，还一起解决了茶苗、农药、肥料的问题，对提高茶叶品质非常有帮助。”截至目前，全县茶园面积达27.4万亩，其中可采摘面积18.4万亩，有机、绿色认证茶园10.5万亩。

2017年5月，原农业部挂职干部祁睿等县领导代表咸丰赴杭州参加首届中国国际茶叶博览会，了解到浙江安吉白茶发展的成功案例后，次日就赶往安吉“取经”，促成了与安茶集团等企业合作推进的白叶茶全产业链建设精准扶贫项目在咸丰落地。引进白叶茶品种，经试种发现这里的条件格外适合白茶生长，白化时间长、白化度高、氨基酸含量高，口感和品质具有较强竞争力。目前，全县白茶种植面积已推广至13万亩，成为“湖北白茶第一县”。

打造品牌　讲好茶叶故事

好原料也需要好的生产企业和加工工艺。前几年，因自身加工能力弱，茶农大量鲜叶未能实现就近加工，影响了茶农的经济收益。

针对这一现状，2018年起，东西部扶贫协作结对单位杭州市余杭区安排帮扶资金帮助咸丰县建设了16个村级茶叶加工厂，在利益联结机制上，将茶厂投资折算成村级集体资产分配给茶区重点贫困村和经济薄弱村，达到了完善产业链、增加贫困村集体资产和实现就近务工的效果。

咸丰县积极整合各类项目资金，利用信贷担保体系，多种方式支持茶叶龙头企业做大做强。目前全县已引进和培育省级茶叶龙头企业

4家、市级茶叶龙头企业19家、茶叶加工企业93家，吸引投资超15亿元。

有了好品质，还得有块好“牌子”。咸丰县依托“唐崖土司城遗址”世界文化遗产名片，打造“唐崖”农产品区域公共品牌，“唐崖茶”成功申报农产品地理标志产品。咸丰制定了“唐崖茶”产品的标准和规范，聘请专业机构深度策划营销推广，统一全县茶叶包装标识。咸丰县茶叶局局长姚健表示：“以前我们的茶企都打着自己的品牌各自为政，现在整合品牌之后从单打独斗变成抱团发展，提高了咸丰茶产业的竞争力。”

近年来，咸丰县抓住互联网营销爆发式增长的机遇，多渠道宣传推销唐崖茶。特别是今年以来，湖北受新冠肺炎疫情影响，茶叶等农产品滞销，各级政府联合央视、新华社、抖音等媒体开展了“为鄂拼单”等多场直播活动，咸丰都积极参与其中。农业农村部挂职干部、恩施州委有关领导和咸丰县政府有关领导在多场直播中为唐崖茶“代言”，其中4月18日的硒游恩施直播活动，累计吸引116.7万人网络观看，卖出包括“唐崖白茶”在内的农副产品共7万件，价值366万元。

今年4月29日，咸丰县唐崖茶市正式开业，首期已有30多家茶企入驻，咸丰正力争将其打造成为武陵山区茶叶交易集散中心和唐崖茶文化、品牌的展示窗口。

因茶而富　摘下贫困帽子

随着交通条件的全面改善和农村电商的快速发展，咸丰茶叶销售渠道越来越宽，茶旅融合等新业态稳步发展，茶农收益逐渐多元化。

“7年前，我们就抱着试试看的心态种了两亩白叶茶，没想到价格很好，每斤鲜叶都要百元左右，每年我们家卖茶叶就有 2 万多元。”唐崖镇龙潭坝村七组村民覃建咸高兴地说，在应用“去夏增春”技术后，他们夫妇采完春茶还可以去广东打工，既获得了茶叶的收入还不影响打工收入。

咸丰县还积极探索推进产业链齐全、利益链紧密的茶叶扶贫模式，逐渐形成了多方共建、利益共享的茶产业格局。目前，咸丰县 66 个重点贫困村均以茶叶为主建设了 500—1000 亩产业扶贫基地，全县已有 107 家市场主体与 138 个村建立利益联结机制，每年带动贫困户户均增收 1400 余元，贫困村村均增收 3 万元以上。全县从事茶叶相关产业的人口有 14.2 万人，茶叶产业覆盖建档立卡贫困户 2.8 万户 9 万余人，亩平均茶叶增收 6700 余元。

4 月 23 日，经湖北省政府公告，咸丰县正式摘下了“贫困县”的帽子，真正实现了“茶乡因茶而美，茶农因茶而富”。

今年新冠肺炎疫情发生以来，咸丰县在各级各部门的大力支持下，春茶采摘、加工、销售均在落实防控措施的情况下紧张有序进行，鲜叶价格除第一周相对较低以外，后期价格始终高于去年同期水平。3 月，东西部扶贫协作咸丰工作组安排专项资金，整合农业农村部定点帮扶资金，在恩施州率先出台应对疫情促进茶产业发展补助政策，补贴“唐崖茶”的生产加工及销售环节，并与恩施州茗香茶业有限公司合作，开通咸丰至浙江松阳浙南茶市物流专线，每天一趟专车运营，累计销往浙江“唐崖茶”107 吨，金额 7690 万元。

截至 5 月 6 日，咸丰县累计加工干茶 2707 吨，实现销售收入 6.75 亿元，带动农户现金收入 1.5 亿元。产销状况基本与去年同期持平，贫困户收入得到了有效保障，茶产业为疫情影响下的巩固脱贫攻坚成果、防止返贫等发挥了重要作用。

扬鞭奋蹄奔小康

郝凌峰　刘海波

“乱花渐欲迷人眼，浅草才能没马蹄”，昔日唐朝诗人白居易在《钱塘湖春行》中描写的意境，而今在河北省丰宁满族自治县大滩镇重现。初夏的夕阳下，随着牧马人一声长长的吆喝，成群结队的马匹嘶鸣着、奔跑着，场面异常壮观！

“丰美的草场、悠久的历史和优良的马匹繁育技术为大滩提供了得天独厚的养马驭马优势，目前全镇有各种马8000余匹，仅出租马匹供游客乘骑每年就可为百姓增收8000多万元。‘一匹马脱贫、两匹马致富’，这已经不是什么传奇啦。”大滩镇党委书记孙旭东说。

独特马文化　成就旅游品牌

地处京北第一草原腹地的大滩镇，621平方公里的广阔土地上，有天然草场面积35万亩。这里“山峦草原层林尽染、碧水蓝天流云辉映”，得天独厚的资源孕育出独一无二的良马。春秋战国时期，北方民族在此游牧；清代时期，十万铁骑在这里整训，挥戈出征；新中国成立后，设孤石军马场，隶属原北京军区后勤部，为共和国战马的故乡。

大滩镇的百姓自古就与马有着深厚的情缘，造就了坝上地区独特的“马文化”。马以吃苦耐劳、敦厚淳朴的品质成为人们日常生活的好伙伴，大家干农活更离不开马，这里人人养马、爱马，马承载了坝上农民奔小康的希冀，群众的小日子一天比一天好。

自 1989 年开发旅游产业以来，这里的马产业逐渐发展壮大，当地群众养马的目的也从使役向出租供游客乘骑转变。特别是近几年来国际马联一星级耐力赛、中华民族大赛马等国内外重大赛事相继落户大滩，京北第一草原成为马术爱好者的乐园，每年有游客 100 多万人次在此“以马会友，与马结缘”，马文化得到进一步弘扬。

2018 年河北省第三届旅游发展大会，大滩镇作为大会的闭幕式和观摩活动的主场地而声名大噪，一时间，京津地区的游客纷纷慕名而来。丰宁县委、县政府借力发力，以“马文化”打造的特色小镇“中国马镇”旅游品牌在此落地。

当地群众在骑马

中国马镇景区规划占地1150公顷，总建筑面积65万平方米，计划投资 80 亿元，规划建设期 5 年。项目整体分四期建设，2017 年 5 月项目一期开工建设，2018 年 7 月竣工投入运营，占地 50 公顷，建筑面积

18 万平方米。主要建设有舞马世界主题乐园、满韵骑风奇幻秀剧场、烤羊美食街、蒙藏特色酒店群等四大主题近 40 项旅游观光主题项目。

孙旭东介绍，项目二期有房车营地、冰雪运动、八旗帐篷、盛世草原等供游客们玩乐体验。还配套建设马匹交易中心、马匹繁育基地、马术健身基地，形成养马、育马、赛马、训马完整体系，与大滩镇作为全国拥有马匹数量最多的建制镇的发展模式融合辉映。

巧经营善管理　铺就致富新路

大滩镇辖 22 个村，曾经以种植业为主，种植方式粗放，广种薄收，“种一坡收一车，打一笸箩熬一锅”曾是这里的真实写照，百姓守着绿水青山，贫困却如影随形。

“思路一变天地宽”。这里的旅游业发展起来后，百姓端上了旅游“饭碗”，群众的第一桶金就是从牵马得来的。

“群众通过公司中介，出租自有马匹，一个小时可收入 60 元，牵马每小时 20 元，每人可以牵两匹马，一匹马平均年收入少则七八千元，多则一万多元。”孙旭东说。

目前，大滩镇拥有公司化管理的马队 8 个，管理 3000 多匹用于经营旅游的马匹，10 个旅游专业村的群众通过租马、牵马获得收益，其他村的群众可通过到旅游景区务工、售卖土特产获得收益。大滩镇每年统一组织或群众自发组织的赛马活动大大小小几十场，品种好的马匹在这里大显身手，赢回奖金。其他以种马养殖为主导产业的行政村，群众自有马匹近 5000 匹，通过马匹繁育出售，每年为群众带来不菲的收益。

小北沟村村民郝树军以前是贫困户，平时不善言辞，但说起马来眉飞色舞、头头是道。他说：“外地游客到坝上都要骑骑马，不骑马好像就没完成任务似的，去年家里两口人通过租马挣了 3 万多元，售卖小马驹也增加了几千元的收入，通过旅游业，我家早已脱了贫。”

在大滩镇，像郝树军一样通过租马获得年收入 2 万—3 万元的农户，已经超过 500 户，仅此一项就实现了稳定致富。

对于今后马产业的发展，小北沟村的村民充满期待。目前，得益于东西部协作政策，北京怀柔区杨宋镇对口帮扶小北沟村，帮扶这里建设了高标准马厩，马厩出租、马匹寄养成了村里脱贫致富的又一条发展路子。

延伸产业链条　就业创业双增

如何让马文化根植于心、马产业纵深发展、马财富装进群众腰包，一直是大滩镇产业发展不断探索的方向。去年，镇里创建了全国首个“马术旅游标准化体系”，实施了对所有马匹检疫、芯片植入、保险、培训等全方位规范；举办了 500 人参加的马术培训班，其中建档立卡人口 180 余人参训，贫困户掌握了一技之长，并实现就近就业。

前进的脚步毫不停歇。现在，大滩镇利用马匹、马厩等资源深入谋划马产业发展，在优良马种繁育、优良牧草种植、马产品开发等方面谋划探索，并与中蕴集团、马文化研究院、民族大赛马委员会等马产业公司、单位对接会商，围绕区位优势、生态优势、资源优势、人文优势探寻合作方向，为马产业的延伸发展探寻更好的路径。

大滩镇马产业的不断发展，旅游产业链条的不断延伸，实现了真正的靠产业脱贫、靠就业脱贫。

“依靠优势发展产业、增加就业，是输血式扶贫向造血式扶贫转变的一大体现，提升了贫困户脱贫的内生动力和致富能力，今后，大滩镇将依托这一产业优势，不断探索发展方向，增加群众收入。未来，这个马背上的脱贫致富路，将继续承载着群众的美好期许，变成马背上的小康路。”孙旭东对未来信心满满。

产业“花”开　香满涢城

——湖北省安陆市产业发展带动持续稳定脱贫

杨鹏程

山岗间，蓝莓桃李瓜果飘香；大棚中，一棒棒香菇点菌待养；合作社内，一头头牛苗壮成长；扶贫车间里，一缕缕秸秆编织成致富草绳……

如何确保贫困户持续稳定脱贫？湖北省安陆市（有涢城之称）的答案是：发展稳定产业，带动农户持续造血。安陆市按照“一乡一品，一村一业”的思路，培育出赵棚蓝莓镇、孛畈香菇镇、巡店蔬菜镇、雷公草绳镇、木梓肉牛乡、杨冲太空莲村、顾李香芹村等一批独具特色的品牌乡和产业村，带动贫困户持续稳定脱贫。

为了让扶贫产业“快马加鞭”，今年，安陆市再次修订完善《安陆市产业扶贫“以奖代补”暂行办法》，将每户年奖补限额由5000元提高至8000元，并列支出230万元为贫困户购买产业保险。

一颗太空莲　播下农家希望

一颗小小的莲子在太空中遨游一周，播种在昔日杂草丛生的低洼抛荒地，如今成为这里村民希冀所在。

在安陆市接官乡杨冲村太空莲种植基地，王基朝等许多村民正忙着清除杂草、修整田埂。“今年我和老伴还在此务工，一人一天100

元，去年收入2万多元，现在光景强多了！”谈及生活的变化，这位六旬老汉脸上乐开了花。

2019年，在孝感市公安局驻村工作队的帮扶下，村里引进一家种植养殖专业合作社，流转450亩田地发展太空莲种植。农户以每亩350元的价格将田地流转给合作社，其中29户贫困户流转田地79亩收益2.7万元。

到基地长期稳定务工的贫困户有20余人，临时用工高峰达100多人。“去年莲子采摘高峰期，晚上100多人打着手电筒采摘莲蓬，场面甚是壮观。”基地负责人丁军平称，去年累计发放劳务报酬70余万元。

村里还种植黄瓤西瓜和桃李。“市里修建的扶贫旅游公路从我们村穿境而过，到时搭上旅游快车，试水‘赏花经济’和‘采摘经济’。”村党支部书记李绪波指着村委会门口正在建设的旅游公路说道。

百年土芹菜　点燃脱贫激情

站在内府河巡店镇顾李村河堤往下看，一座座钢构大棚对称排列，村民们忙着翻整土地准备种植凯丽香芹。

凯丽香芹并非外来物种。据安陆市公安局驻顾李村第一书记、工作队长曾今朝介绍，这是顾李村争相种植的一种土芹菜。至于为何叫凯丽香芹，已无从考证。相传与百年前村里一个叫顾凯丽的秀才有关，秀才起初当花养在花盆，后来移栽入地里。

顾李村特有的沙质土壤，最适宜香芹生长。2018年3月，曾今朝被选派到顾李村担任扶贫工作队长。经过慎重考虑，曾今朝和村“两委”商定将凯丽香芹作为扶贫产业推广。

如何调动贫困户种植凯丽香芹的积极性？工作队提出“152”产业

扶贫激励模式：凡是贫困户建设1座面积超过500平方米的大棚，安陆市公安局再奖励一座2000元的大棚。

该模式很快收到效果，村里有18户贫困户种植凯丽香芹，发展大棚78个，其中公安局奖励大棚18个。工作队联系到当地一家养猪企业，免费为种植户提供猪粪农家肥。

如今，全村共搭建香芹大棚118个，年人均增收1.8万元以上，村集体年收入8万元以上，凯丽香芹已成为顾李村响当当的脱贫招牌产业。

千亩蓝莓果　带富父老乡亲

安陆市赵棚镇团山村1200亩蓝莓园里，一颗颗满是果粉的蓝莓果儿清香扑鼻，一拨拨入园游客体验采摘的乐趣。

“游客在这里每采摘一斤蓝莓，基地捐赠2元用于村里扶贫。”企业经营者叶小伍分享产业发展红利，为贫困户户均帮扶500元。

团山基地占地8000亩，是一家集赏花采摘、休闲垂钓、户外体验、苗木经营于一体的大型田园综合体，通过贫困户认领、土地分红、务工收入、农家乐经营等多种模式，直接带动团山村59户贫困家庭实现稳定脱贫。

采摘区内，近200名工人在不停采摘，他们大多来自周边村群众。一座300平方米的保鲜库里，20余名工人正在分拣、包装、储藏蓝莓鲜果，这里每天有1.5万斤左右蓝莓果供应市场。“高峰期时采摘工人达到500多人，基地每年支付农民工资300余万元、土地流转金160万元。”叶小伍说。

编号1—7的农家小院分布在各个路口，依托超高人气，团山村3个贫困户创办了农家乐，户年均收入超5万元。

万卷稻草绳　拓宽增收门路

安陆市雷公镇运阳合作社车间里，一卷卷草绳堆摞起一座小山。接通电源，草绳机转动，易地扶贫搬迁户刘大嫂娴熟地往编织机入口塞一缕缕的稻草，昔日让人头疼的稻草秸秆经过简单加工，如今变成了这里群众的“致富宝”。

“这里离我家只有 100 余米，既可以挣钱，又能照顾家人。”像刘大嫂这样在这个扶贫车间工作的有 28 人，他们都是附近几个村的易地扶贫搬迁户。

“只要有稻草，贫困户就有事干，就能把钱赚。”合作社负责人廖正强介绍，草绳在苗木、瓷器运输领域有广泛的市场，一亩田的稻草加工成草绳，能多增收 300 元左右。

雷公镇将草绳加工作为带动贫困户持续稳定增收的产业推广，建起草绳加工扶贫车间，由运阳合作社租赁运营。合作社购置了 400 台

当地农户在雷公镇草绳加工扶贫车间工作

草绳加工机免费发放给雷公镇及周边乡镇农户，由农户在家自主加工，合作社进行回收销售；在合作社里务工的农户，则以每卷发放计件工资。

如今，合作社年加工草绳近5000吨，创产值近600万元，覆盖200户贫困家庭，实现生态环保、产业扶贫双丰收。

百万棒食用菌　串起致富链条

走进孛畈镇月岭村食用菌种植基地，一排排黑色塑料大棚鳞次栉比，一袋袋菌棒整齐排列。蓝色铁皮厂房内，填袋、灭菌、接种……流水线操作，一气呵成。60平方米冷库，配备2台烘干设备。

月岭村种植香菇已有20多年历史，如今，这里建成了孝感市规模最大的香菇生产基地，辐射周边乡镇，年种植规模达到100万棒，实实在在地撑起了村民的“钱袋子”。

通过种植、入股、务工等不同形式，月岭村有20多户贫困户参与到香菇产业中来，其中12户贫困户发展大棚20个、种植香菇10万棒。村党支部书记周思想说：“针对村里的贫困户，实施先种植后付款，或者前期只付款50%，最大限度减少贫困户成本投入。”

点菌、采摘、储藏、烘干、销售……这里的香菇产业一条龙服务体系，产业链条延伸到了周边很多乡镇，每年向外输出20万根菌棒。

茧丝织就脱贫致富路

——广西环江毛南族自治县高质量发展桑蚕产业纪实

阮　蓓

今年5月，广西环江毛南族自治县退出贫困县序列，毛南族实现整族脱贫。近两万名村民搬出大山，家家户户用上电，贫困群众特色产业覆盖率达100%，全族贫困人口人均纯收入从2015年的3570余元增加到2019年的11756余元。习近平总书记对毛南族实现整族脱贫作出重要指示，勉励乡亲们把脱贫作为奔向更加美好新生活的新起点，再接再厉，继续奋斗，让日子越过越红火。

总书记的亲切话语让毛南族广大干群倍感温暖和鼓舞。受历史、自然、地理等因素影响，环江一直是广西最贫困的地区之一，且素有种桑养蚕的传统。2016年以来，环江选定桑蚕作为县级“5+2”、村级“3+1”特色产业之一。到2019年，全县桑园面积超过19万亩，产鲜茧近3万吨，蚕桑生产遍布全县12个乡镇151个村4.39万农户，农民养蚕总收入13亿余元，养蚕农户户均收入超过2.5万元，桑蚕产业已成为全县农民增收尤其是毛南族群众脱贫致富的支柱产业。

“广西气候条件非常适合种桑养蚕，桑树萌芽早、落叶迟，生产期长，养蚕投入成本低、周期短，经济效益好，具有‘短、平、快’优势，很适合缺资金缺技术的贫困户发展。”广西蚕业技术推广站站长李标指出，在广西全区54个贫困县中，有46个县种桑养蚕，其中17个县把桑蚕产业作为“5+2”县级特色产业。同时，广西蚕业技术推广站桑蚕育种在全国居领先水平，自主育成的家蚕品种饲养量占全区的98%以上，蚕茧产量连续15年领跑全国，占据全国半壁江山。

立足根本　聚焦“造血”　小蚕桑铺就脱贫大道

发展产业是实现脱贫的根本之策。自脱贫攻坚战打响以来，环江县立足本地实际，将蚕桑作为县级“5+2”、村级“3+1”农业产业扶贫首选项目，大力推广了“桂桑优12”“桑特优2号”等优良桑树品种和“两广二号”“桂蚕2号”等优良蚕品种，普及应用了小蚕共育、方格蔟营茧、自动上蔟等省力实用技术，以蚕桑良种良法良技结合，通过产业扶持、示范推进与技术帮扶，带动养蚕户增产增收。

环江县水源乡各旦村旦下屯75岁毛南族脱贫户方现章，一家3口人靠着种桑养蚕，去年顺利摘下贫困帽。“养蚕风险小，只要蚕房通风好、消毒到位，蚕粪处理好就行。”方现章说，他家现在种有3亩桑树，每年养蚕10批，年收入超过两万元。数据显示，2016—2019年，环江县6232户毛南族贫困户通过养蚕实现了脱贫增收，全县贫困发生率从2015年底的19.56%下降到2019年底的1.48%。

在自治区政协挂点扶贫项目——上南社区桑蚕养殖扶贫产业园，据了解，产业园共投入200万元建设，包括标准化蚕房20间，育蚕房2间，配套农具房1间，以及产业园内场地硬化等设施，粤桂扶持二期项目还将配套标准化蚕房11间等，资产归上南社区居民合作社所有，整体出租给县隆腾桑蚕专业合作社运营，约定合作社优先100%引进贫困户社员进驻发展桑蚕产业，今年实行免租金试运行。

“以前在家养蚕场地不足，蚕房同时养鸡养鸭还养牛，蚕存活率低。”今年4月进入产业园的上南社区养蚕户谭少女坦言，过去两张蚕种最多收获60—80斤蚕茧，现在在标准化蚕房里养蚕，在方格蔟营茧、自动上蔟等省力技术指导下，产量翻了一番多，按照今年蚕茧每斤 12—18 元收购价算，即使在新冠肺炎疫情影响和市场行情低迷的情况下，半年毛收入也有 1 万多元。

2019 年，环江县按 200 元 / 平方米补助标准引导全县蚕农建设标准化蚕房，加大对贫困户、龙头企业、农民合作社的支持，推进蚕桑组织化生产；通过“十三五”科技重大专项等项目实施，整合区市县乡村五级蚕业技术推广体系，大力推广桑蚕优良品种，开展桑园丰产栽培、示范推广省力化高效养蚕技术设备和蚕沙无害化处理等先进实用技术，切实提高科学种养水平，打造环江万亩生态高效桑蚕扶贫产业园。环江先后荣获“中国优质茧丝生产基地”“广西十佳蚕桑生产基地县”等荣誉称号，蚕桑生产遍及整个毛南山乡。

科技助力　示范引领　实现产业持续快速发展

“一花独放不是春，万紫千红才是春。”这是东兴镇加兴村加乐屯养蚕户覃龙脱贫后常挂在嘴边的一句话。多年前，他建立东兴镇首个高标准小蚕共育室，为群众就近提供优质小蚕，并引导附近各村屯农户种桑养蚕，促进桑蚕产业在该镇全面铺开。如今，他家桑园面积已扩建到 22 亩，原先狭小简易蚕房升级为 300 平方米专用标准蚕房，家庭年收入达 20 万元，修起了乡间别墅，日子过得红红火火。2013 年，他被选为广西科技示范户，多年被县乡评为“优秀共产党员”“农村科技种养能手”。

覃龙并非孤例。下腊屯 48 岁养蚕户岑春望一年养殖 10 批蚕，扣除种养成本年纯收入可达 7 万元。在她看来，高兴不光来自增收，还有掌握科学种植技术后的自豪感。“栽桑树不是越密越好，行距 80—90 厘米为宜，这样光照受热均匀，方便灌溉。”据岑春望介绍，在利好政策引导下，她按照标准自建了一个 80 多平方米的标准化蚕房，方格蔟、自动上蔟等省力化高效养蚕技术设备一应俱全，“养小蚕我一个人在家就够了，不需要其他劳动力帮忙。”

从2012年起，环江县着力提高桑蚕科技支撑水平，重点实施“优茧工程”“良园改造工程”和“桑蚕技术推广工程”等三大工程，以“三高”蚕业产业化发展为突破抓好桑蚕生产；并建立以县蚕业技术指导站为核心，由县蚕业技术骨干、乡镇蚕业技术员、重点蚕区辅导员和村屯种养能手260多人组成的四级蚕业技术服务网络，覆盖全县12个乡镇151个村，负责向4万多户蚕户提供栽桑养蚕技能培训、技术推广、试验示范、蚕种供应等一条龙服务，采取“广泛技术培训+现场示范+专人跟踪指导”相结合模式，提高蚕农科学种养水平，推动全县桑蚕产业发展驶入快车道。

“下一步，将继续引导全县蚕农建设标准化蚕房，做到养蚕批次分明、大小蚕分离，避免批次混乱引起病源交叉感染。”环江县农业农村局局长莫新庄介绍，通过统一技术措施、统一生产批次、统一桑园管理、统一蚕沙管理、统一饲养品种、统一生产管理“六个统一”来强化标准化生产。

广西蚕业技术推广站总农艺师黄红燕进一步指出，近年来，广西强化创新驱动能力，加快农业科技进步，该站申报的“广西蚕种质量控制关键技术创新集成与应用”“桑蚕茧丝绸产业发展关键技术研究开发与应用”项目分别获2017年、2018年广西科技进步一等奖，“杂交桑高产栽培与配套养蚕技术集成推广”获2016—2018年度全国农牧渔业丰收奖成果奖一等奖。一批科技成果的取得及转化应用助推了广西蚕桑产业的高质量发展。

主体带动　长短结合　构建致富增收长效机制

目前，环江共建成县乡级现代蚕业标准基地12个，总面积2476余亩，分别建成两个万亩生态高效桑蚕产业示范区；帮扶377户贫困户建设标准化蚕房近3.5万平方米，全县大部分蚕农都采用地面育与蚕台育，方格蔟、自动上蔟设备应用率已超过75%……

示范引领，全面开展标准化基地建设的同时，新型经营主体纷纷抱团助农增收——环江南大门桑蚕专业合作社就是成功范例之一。合作社为贫困户提供优惠小蚕，并赊销桑园肥料、消毒药物和方格蔟等养蚕用品给蚕农，每年扶持贫困蚕农资金20万元以上；销售上与龙头企业联合，签订蚕茧保护价收购合同，实行二次返利政策，用产供销"一站式"经营服务与农民建立起利益共同体。

"有效保护蚕农利益的同时，大大调动了农民种桑养蚕积极性。"环江桂合丝业有限公司相关负责人认为，以"公司+基地+合作社+农户"模式提高蚕农的标准化意识和科学种养水平，企业带贫减贫机制效果突出。目前，广西江缘茧丝绸公司、桂合丝业有限公司等3家茧丝加工企业，年生产白厂丝1924吨，2019年实现工业产值6.5亿元。

据广西江缘茧丝绸公司刘再茂介绍，目前已在全县12个乡镇分布39个鲜茧收购站点，年收购鲜茧900多万斤，辐射范围遍及整个环江县区，带动蚕农年收入2亿元以上。"'十三五'期间公司已建成年产优质蚕蛹4000吨的加工厂，产品出口到韩国、泰国等国家，每年可创外汇260万美元。"刘再茂说。

主体带动为脱贫攻坚注入新活力的同时，环江大力开发桑枝栽培食用菌，推广蚕沙堆肥等无害化处理设施建设，广泛引导群众利用桑园间种套种蔬菜、冬萝卜等短期作物，增加桑园产出，不断提高蚕业综合经济效益。环江提出，围绕"打造广西茧丝质量第一县"目标，今年每个乡镇建设一个面积100亩以上的"现代蚕业标准产业园"生产示范基地，各乡镇产业园人蚕分离的蚕农均超过70%，应用省力化养蚕技术的蚕农超过90%，实现100%蚕沙无害化处理。

靠山吃山念好“山字经”

——贵州奋力解好产业扶贫“压轴题”

刘久锋

关岭火龙果、苗姑娘辣酱、威宁荞酥、普定韭黄、威宁“三白”……7月17日，在贵州省农村产业革命产销对接体验店里，摆满了来自全省各地的优质农特产品。

“我们把厅机关在闹市的11间共700平方米的门面统一装饰，免费提供给各市州开设线下体验店，抓好产销衔接和利益联结，确保农产品能卖出去、卖个好价钱。”贵州省农业农村厅有关负责人说。

这是贵州脱贫攻坚战场上产业扶贫硕果的生动展现。党的十八大以来，贵州省农村产业革命势如破竹，茶叶、食用菌、中药材、生态畜牧业等12个特色农业产业发展进一步拓宽了农民增收渠道，农民群众的观念也从“种什么、卖什么”向“要什么、种什么”转变。贵州省这个曾经农村产业发展最薄弱的省份，如今的农业增速位居全国前列。

发挥生态优势　脱贫更要致富

贵州多山，素有“八山一水一分田”之说。这里立体气候明显，生物资源多样、生态环境良好、农业污染少，是发展无公害、绿色、有机农产品的天然之地。过去，由于历史、地理等因素的影响，山地曾制约着贵州农业的发展。如今，随着交通等条件的不断改善，以绿色发展理念为引领，山地正成为贵州农业最大的发展特色。

生态优势是贵州贫困地区产品和服务供给的最大特点与优势。贵州在振兴生态特色产业中，逐渐形成了自己的产业链发展推进模式：贫困地区产品和服务通过消费传导机制实现价值前置，使贫困户从产业链条的附加值中获取收益，推进贫困地区的工作链、产业链、价值链“三链合一”。

“我家近三年的主要经济收入都来自茶叶，是茶产业让我们全家摘掉了贫困帽。”谢坝乡马南村上堡组建档立卡贫困户罗均芬在乡党委和政府的引导下，把撂荒的3亩地种上了茶叶，精心管护，每年能稳定增收1.5万元至2万元，顺利脱贫。

资源优势在生态，发展后劲也在生态。同样是绿色生态产业，正安县27.7万亩方竹带动了3411户贫困户、11938人增收。

过去，赫章县双坪乡坪子村山顶上的地块，种植的大多都是洋芋和苞谷，“土地不肥，又干旱缺水，收成都是看天吃饭。现在改成半夏种植基地，我觉得脱贫致富有希望了。”在基地内务工的村民陈学冲说。

“种苞谷亩产200公斤左右，按市场价计算，收入也就600元左右，除去你们平时的劳动成本，剩下的只有百十来块钱了。流转土地种中药材，每亩租金就有600元，还可以在家门口打工，每天收入就有100元。”中药材基地负责人魏义虎说。如何念好“山字经”，让脱贫更可持续？

低效玉米“退”，高效的红心猕猴桃和刺梨“进”，水城县科学运用“进”与“退”的辩证法，舞出了产业发展“新天地”。同时，水城县还因地制宜提出“种植业七长七短、养殖业三大三小”的山地特色农业产业体系，纵深推进产业革命。

三都县种植黄桃5.35万亩，覆盖贫困户8009户31441人，开辟了一条既“保生态”又“富口袋”的“双赢”之路。

“种什么、卖什么”曾是贵州农民的思维定式。发轫于平塘县卡蒲毛南族乡新关村的“校农结合”新模式，为农业产业发展找准了新方向——用“菜篮子”驱动发展的“车轮子”。

“原来地里种的是马铃薯、玉米，现在种的是萝卜、豇豆、生姜等，一年四季有采收，还喂上了猪。”一样地结百样果，新关村旧寨组村民黄泽懿幸福写在脸上。

如今，安龙的铁皮石斛、黔北的辣椒、独山的桑蚕、岑巩的林下经济……一个又一个生动的实践证明，传统农业向现代农业转型势在必行，深耕“山”地大有可为，脱贫攻坚“亮色”闪耀，同步小康的美丽画卷初展。

做强特色产业　助推群众增收

“我们的韭黄是国家地理标志产品，卖到上海、浙江，抢手得很！”安顺市普定县化处镇村民们自豪地说。普定县的韭黄一年收割 3 次，亩产 2500 公斤左右、产值约 2 万元，已带动当地贫困户 1281 户 5775 人。

昔日名不见经传的普定韭黄何以走俏？化处镇党委委员熊元兴介绍：“这得益于贵州省推动农村产业革命后，普定县做大做强主导产业带来的规模效应。”

贵州是全国脱贫攻坚的主战场，其农业发展具有资源破碎、生态保护任务艰巨等典型性。2018 年，贵州立足实际，按照“八要素”和“六个转变”要求，在全省开展“来一场振兴农村经济的深刻的产业革命”，以坝区提质增效和坡耕地结构调整为重点，大力发展 12 个农业特色优势产业，帮助农民调减低效作物面积，优化种植结构，提高产出率和收益率。

出菇的时节，安龙县食用菌产业园里随处是忙碌的身影，菇农们采摘、运菇……开心的笑容荡漾在脸上。

“种香菇不仅让我脱了贫，还买了新车，建好了新房，这日子一天比一天有盼头！”栖凤街道办平寨村菇农赵兴林乐呵呵地说，他家从2017年开始承包大棚种植香菇，短短2年多就赚了10余万元。

在安龙，像赵兴林一样种植香菇脱贫致富的人还有很多。为保障菇农收益，安龙县采取“1210”产业扶贫模式，即1户贫困户到园区种植2个食用菌大棚，一年种植两季实现收入10万元以上，实施过程中成效明显。

据贵州省农业农村厅负责人介绍，茶叶、食用菌、蔬菜、牛羊、特色林业、水果、生猪、中药材、刺梨、生态渔业、辣椒、生态家禽，贵州省重点打造的12个农业特色优势产业是在深入调研、认真研判基础上提出的，为纵深推进农村产业革命打开了新的空间。这些多彩贵州的“特色风物”，既是贵州绿色优质农产品的亮丽名片，更是群众增收致富的重要产业。

刺梨“我有”，茶叶“我优”，水果“我特”……面对越来越激烈的市场竞争和越来越“挑剔”的消费者，12个农业特色产业“有、优、特”特色突出，市场认可度非常高。

“发展12个农业特色优势产业本身也是一种差异化发展路径，体现了抓具体、抓深入、抓关键的工作方法。只要我们坚定信心、坚持不懈，把特色做深、做透、做足，更加注重品牌和质量建设，把产量做出产值，把产值做出效益，就能让产业发展之路越走越宽，实现产业兴旺发达，群众增收致富。”贵州省农业农村厅负责人说。

抓实产销对接　市场决定生产

每一个产业发展好了都是惠及面广、造福一方的产业。消费是产业扶贫可持续发展的重要引擎，一头连接贫困地区群众的“钱袋子”，一头连接消费主体的“产品篮子”，坚持“两头抓”，创新推进消费扶贫多模式联动发展，让消费扶贫从单向受益转向双向受益。

“消费者喜爱什么，我们就种什么。以市场端倒逼种植端，在基地管护、产品加工、产品可追溯方面共同发力，让贵州农产品销得更好，走得更远！”贵州省农业农村厅总兽医师、省辣椒产业专班常务副班长唐隆强说。

拔葱、抖泥、去叶、装袋，梁永学坐在小木凳上，动作娴熟地在葱田里忙碌着。每隔几分钟，他就把小木凳往前挪几步，所有的地块都已经破界，要顶到路坎他才能折返。

走进赫章县松林坡乡万亩香葱基地，北京园、上海园、广州园、重庆园、长沙园、贵阳园等木牌被分别立在田间，这些被划分出的地块，种植的香葱将精准对接相应的市场。

基地占地面积4000多亩，与邻近的铁柱坝区和小薯块坝区，共同组成了目前赫章县境内最大的香葱基地。接触香葱多年，基地负责人周礼贵对各地饮食习惯颇有研究：“重庆人喜欢吃火锅，粗条的香葱耐煮又能去腥；贵阳人早餐喜欢吃粉面，当佐料细条葱叶更适合；在广州园，我们种植的是中条葱，吃海鲜蒸鱼的时候，葱白长些能持久释放香味。”

在赫章香葱基地供货的部分菜场和商超里，北上广的食客们无须纠结香葱的品种，深山里的村民们从种植开始，就已经为他们“量身定制”了。

如今，基地每天销往省内外的香葱已超过60吨，按照出土价每斤2元计算，年产值达8000多万元。作为当地的扶贫产业，香葱基地一头连着市场，一头连着农户，“龙头企业＋合作社＋农户”的模式，让村民不仅获得了就业机会，也分到了实实在在的红利。

产销对接，走“菜单式”扶贫新路；黔货出山，发展成为对口帮扶城市和粤港澳大湾区的“菜篮子”；走出国门，“扶贫菜”端上东南亚餐桌……

夏秋季节，是贵州蔬菜、水果、辣椒、食用菌、畜禽、水产等特色农产品集中上市的季节。受疫情影响，为按时高质量打赢脱贫攻坚战，今年的产销对接尤为关键。据不完全统计，今年1至5月份，贵州第一产业投资增长了10.2%，全省农产品累计销售473万吨、销售额达173亿元。

壮大四产业　脱贫有“硬核”

王帅杰　范亚旭　申鸿皓

扶贫扶长远，长远看产业。近年来，河南省社旗县坚持把产业扶贫作为脱贫攻坚的治本之策，围绕“蔬菜、中药材、林果、畜牧”四大扶贫主导产业，培育壮大了满义蔬菜、安莱达蔬菜、仲景艾草、卓和林果、金构农牧等11个县级产业示范基地，特色产业规模不断壮大，持续推动现代农业高质量发展。

蔬菜架起“脱贫桥”

“从这里采摘的蔬菜通过冷链物流，第二天就能端上香港市民的餐桌。”大暑季节，苗店镇安莱达农业发展有限公司的供港蔬菜迎来了又一个采收旺季。蓝天白云下，百余名附近村民忙着采摘、包装，然后送往公司的仓库拣选、过磅、入库……公司总经理姜永辉说，仅劳务费一项，公司每年支出就达400万元左右，300多位当地村民直接从中受益。

围绕“菜”来转，紧抓“菜”来干。在脱贫攻坚进程中，社旗县重抓重推蔬菜产业，通过出台《产业就业扶贫奖扶暂行办法》，落实基本农水配套、必要的生产设备购置、土地流转、生产用工培训、产业保险保费、扶贫贷款政策等优惠措施，有效激发了新型农业经营主体和贫困群众发展蔬菜产业的积极性，规模化种植、标准化生产、商品化处理、品牌化销售的产业发展新格局初步形成。

一系列优惠政策下，社旗涌现出种德农业、安莱达蔬菜、丙玉蔬菜、满义蔬菜、福元生态菌业等一大批影响力大、成长性好、带动力强的新型农业经营主体，带动发展蔬菜产业扶贫基地36个，初步形成以李店镇、桥头镇为重点的高效设施生态蔬菜产业带，以苗店镇、李店镇为重点的出口蔬菜产业带，以唐庄乡、赵河街道为重点的白莲、大葱等社旗地理标志蔬菜产品产业带，以兴隆镇茶树菇、下洼镇香菇等为重点的食用菌产业带。蔬菜产业“点绿成金”，年产值达9.6亿元。

蔬菜架起“脱贫桥”。截至7月底，全县蔬菜种植面积突破10万亩，与神农集团合作共建“粤港澳大湾区农产品直供基地”，到2025年全县蔬菜种植面积将达37万亩。通过“合作社+贫困户”“实训基地+贫困户”等精准扶贫模式，把贫困户联结在蔬菜产业链上，已带动6000余户贫困户实现增收脱贫。

中药材铺平“致富路”

“家门口就业，挣钱顾家两不误，干得多就挣得多。”郝寨镇石桥村鑫运中药材种植合作社的扶贫基地里绿意盎然，阵阵药香。53岁的脱贫户赵桂玲忙中偷着乐，“从合作社成立到现在，俺一直在这儿干活儿，除草、施肥、剪枝、打药、采摘、烘烤、包装，一年四季都有活儿干，这几年俺跟着合作社脱了贫。”

近年来，社旗县高度重视中医药大健康产业发展，发挥生态环境优良、气候条件适宜等优势，把中药材种植作为产业结构调整的主攻方向之一，通过积极创新、政策引导、资金扶持和项目实施，大力发展中药材产业，并逐步探索出“公司+合作社+农户”“农户+基地+

药企”等多种产业发展模式，以产业发展带动农民增收致富，以特色产业助推乡村振兴。“种‘药材’发‘药财’，脱贫致富奔小康”成了该县中药材富民的典型缩影。

“中药材铺平‘致富路’。”社旗县农业农村局副局长杨东超说，全县发展中药材种植基地8个，中药材加工企业17家，种植专业合作社11家，中药材种植面积4万余亩，规模化种植中药材20多个品种，年产量2万余吨，综合年产值2亿元以上，已有1.1万余户贫困户通过中药材产业实现脱贫。

林果变成“摇钱树”

“春季赏花，夏秋摘桃，‘绿色银行’生态又富民。”太和镇闫店岗村千亩大桃基地的油桃、寿桃、黄桃等十多个品种陆续成熟，映红了果农双颊，带火了观光采摘，鼓起了群众腰包，村党支部书记唐林山满脸惬意，“规模连片的林果产业变成了群众脱贫致富的‘摇钱树’！”

而在社旗，说起“摇钱树”，除了果蔬，构树产业更是自成一景。

“咱种的是中国科学院研发改良的‘中科101’杂交构树新品种，每年能收割3—5茬，亩产鲜叶及嫩枝8吨左右，可连续收割一二十年；这种构树全身都是宝，嫩芽能做菜和茶，树皮造纸根入药……”走进兴隆镇“金构农牧”构树产业扶贫基地，满园构香扑面而来。说起构树产业的扶贫效益，基地负责人吕国金娓娓道来，贫困户到种植区务工，每天至少有50元收入；流转土地，每亩有600元至800元租金；通过入股的方式，年终享受分红，每年收益1100元。

社旗在全县选择适合构树生长、符合土地利用规划的兴隆、李店两个镇7个行政村，集中规划建设了金构农牧和天易农构乡两个县级构树产业扶贫示范基地，规划构树产业面积1.3万亩。目前已落实构树种植面积5100余亩，初步形成了“林、饲、畜”一体化的产业扶贫体系，发展成果各乡镇共享。

社旗县坚持区域化布局、规模化经营、标准化生产、产业化发展，不仅树起了南阳构树扶贫品牌，更带来了丰厚的扶贫效益：全县构树产品年产量达1.53万吨，年产值达1071万元，直接带动2319户增收，间接受益者超过万人。

朱集镇的黄金梨，陌陂镇的晚秋黄梨，太和镇的优质大桃，兴隆镇、李店镇的构树，桥头、大冯营等乡镇的花卉苗木……全县林果花木产业总面积超过6万亩。如今，“东桃梨西景观，从南到北花果香；构树产业连成片，生态林果富老乡”已成为该县林果花木生态扶贫的真实写照，广大群众的脱贫致富小康梦想，正在郁郁葱葱的构林果林间持续升腾。

畜牧打开“增收门”

“端上了牧原‘铁饭碗’，小康生活近在眼前。”从牧原集团“百场千万”工程兴隆镇第六分场开工建设至今，珪璋村贫困户杨长山一直在这里干活，并签下了长期用工合同，他美滋滋地说：“家门口就业能挣钱，一年收入四五万元，这好日子还在后头哩。”

社旗是全省畜牧业生产重点县，连续10年被列为全国生猪调出大县。2019年，该县积极应对非洲猪瘟疫情影响等重重压力，始终坚持以规模集约为方向，以壮大龙头为核心，以机制创新为动力，以牧原集团“百场千万”工程养殖基地和正大生猪“千头线”建设为重点，畜牧产业保持强劲的发展态势，生态养殖扶贫效益逐渐凸显。

借势产业扶贫，助推生猪养殖。县农业农村局负责人介绍，依托牧原集团“百场千万”工程，该县规划部署26个牧原项目已陆续开工或投产，全部建成投产后出栏可达到180万头，全年生猪出栏规模将翻番；另外，利用贫困县项目整合资金，扶持南阳正大公司在社旗实施“千头线”养殖扶贫项目，已在7个乡镇发展30余条线，既促进生猪发展，又带动贫困户增收。

牵牢产业扶贫“牛鼻子”，攥紧群众增收“核心招”，社旗正铆足劲头，在决战脱贫攻坚、决胜全面小康的路上阔步前行、步履铿锵！

“苏菊”为扶贫锦上添花

龙　成　冯小雨　殷萍萍

菊花飘香季，走进江苏省最大的“苏菊”生产基地，有“中国药材之乡”之称的江苏省射阳县洋马镇，一眼望去，一万多亩早菊，花开流香，地里的农民们满怀喜悦地采摘菊蕾。

种菊　农民收入持续增长

射阳县洋马镇地处黄海沿岸中部区域，沿海土壤和气候适宜种植菊花。经过 50 多年发展，洋马镇种养药材品种已达 100 多个，成为江苏省中药材生产专业镇、华东地区最大的中药材种植基地，年产干品药材超万吨，其中药用菊、茶用菊分别占全国产量的 60%、70%。

洋马镇是国家级白菊花标准化示范区，镇里 75% 的农田、80% 的劳动力从事以菊花为主的药材栽培。“镇上有两百多户贫困户年初开始种植菊花，今年菊蕾收购价平均达到每公斤 10 元左右，预计每亩纯收入能达到 4000 元，实现全部脱贫。”据镇长王海军介绍，为了保证菊花长得好、销得出，镇政府每年春播秋播前召开论证会、研讨会，把准当年中药材行情走势，及时发布信息，准备种子种苗，引导群众合理安排种植。还和南京农业大学、南京中医药大学合作，建立苏北中药材检测站，制定药用白菊花种植规程、丹参标准化种植规程，并对种苗进行提纯复壮、茎尖脱毒，实行工厂化育苗、标准化栽培，从肥水管理到锄草打药，都有一套严格的规范。

在洋马镇潘东村一组贫困户郭夕宝的家里，几个涂料工正忙着给他家粉刷墙壁、油漆门窗。老郭说：“我在镇村扶贫干部的指导下，去年开始种植了六亩菊花，当年收入两三万块钱，马上就脱贫了。这几天把家里装饰一下，准备国庆节把小儿子的婚事办了。”

据悉，2018 年初，洋马镇共有贫困户 1056 户 1971 人，在菊花产业带动下，去年共有 543 户 1043 人实现脱贫。

洋马镇贫困户正欢心喜悦地采摘菊花

制菊　引来八方客商投资

为了打响菊花产业的名气，洋马镇坚持举办菊花节。许多客商慕名前来，从观光客变成投资商，全镇现有的 106 家菊花加工企业中，有 42 家是通过菊花节招商引资进来的。

为做大做强菊花加工产业，镇政府出台激励菊花加工企业转型升级的激励措施。现在，全镇的菊花加工企业都用上了微波杀青烘干技术，保证所有的洋马菊花都是人工采摘、工厂化烘干，加工过程不需要任何添加剂，纯天然菊花品相好、价格高。

洋马镇采取“苏菊”道地药材品牌共享，由菊花种植、加工和销售大户组成的江苏省药用白菊花协会，在菊花种植加工和销售方面发挥了行业协会的牵头引导作用，实行严格的质量准入，统一包装、统一标识、统一使用洋马菊花商标。

如今，以胎菊为主要原料的系列饮品，洋马菊花已形成了数十个产品、十几个注册商品和几十个发明专利。去年新引进的婺源皇菊、金丝皇菊两个优新茶用菊品种，采用一朵菊花一个小包装，经济效益是传统杭白菊的 10 到 15 倍。

赏菊　拓展产业发展新空间

近年来，洋马镇致力于在价值提升上做文章，拓展菊花产业的发展空间。先后建成了“十里菊香”全国农业旅游示范点和中药文化展览馆、农家乐、菊花药材加工园等景点，还和南京中山植物园合作建立百药园、洋马中药材博物馆，目前百药园已经成为南京农业大学研究生实训基地、市县传统中医药文化教育基地，承担了中药材育种育苗、新品种试验示范、标准化种植培训等重要职责。

鹤乡菊海现代农业产业园是该镇发展乡村旅游的重头戏。这个园区占地 2.8 万亩，核心区 1 万亩，由中国盐城菊花博览园、多彩植物园、果蔬采摘园等 5 个板块组成。菊花博览园开园以来，正常每天接待游客在 5000 人，双休日多达 3 万人。每天销售花草茶等旅游制品近 2 万元，鲜切花、盆花超 1 万元。

镇党委书记对发展乡村旅游信心满满，他说：“菊花产业是洋马得天独厚的优势资源，我们围绕药材产业、高效农业、休闲农业三大业态，主攻鹤乡菊海现代农业园、稻鳅共作循环农业示范园、光伏休闲农业园、渔业精品示范园四个园区，形成沿海高等级公路现代农业示范带、公交沿线特色经济景观带、新洋港滨河生态风光带三条特色农业旅游观光风景带，把洋马镇打造成江淮地区药材名镇、黄金海岸旅游重镇和江苏沿海工贸强镇，以菊花产业的发展加快我镇脱贫攻坚、乡村振兴步伐。”

重振“正北芪之乡”

马晓刚　李　昊

八月的大青山北麓植被茂盛，各种各样的野草野花覆盖了大青山的每一寸土地。站在山顶，凉风习习，极目远眺，整个武川县城尽收眼底。

内蒙古呼和浩特武川县是药材典籍记载中黄芪的主要产地，清末民初已获“正北芪之乡”的美称。1984 年，黄芪产量 40 万斤之多。但近年来，因各种原因，该县的中草药产业一直没有发展壮大，价格也是大起大落，影响产业发展。

从 2002 年起，中国通用技术（集团）控股有限责任公司（以下简称“通用技术集团”）定点帮扶武川县。自 2016 年以来，该公司进一步

内蒙古通用中药有限公司的工人正在分拣甘草切片

加大了帮扶力度，为武川县脱贫攻坚和经济社会发展提供了巨大支持。

2019 年 4 月，武川县退出国贫县序列，完成了脱贫摘帽任务。为进一步巩固提升武川县脱贫攻坚的成果，通用技术集团启动了“中国通用武川扶贫产业合作区”建设，因地制宜帮助当地发展传统中药材产业，为当地脱贫攻坚工作注入新活力，增添新动力。

选好一个点　带动一大片

见到陈以清时，她正在内蒙古通用中药有限公司的中草药加工车间分拣黄芪。54 岁的陈以清是武川县德胜沟乡酒馆村的建档立卡贫困户，为了给患上重病的丈夫治病，陈以清一家用尽了积蓄。陈以清的儿子高中毕业后，外出打工不幸遭遇车祸身亡。家里没有顶梁柱，仅有的农田也因没足够劳动力而荒废了。

2018 年初，通用技术集团利用集团下属中国医药在天然药物领域的传统优势，在武川县成立了首家规范化中药饮片企业——内蒙古通用中药有限公司。公司的药材加工厂就开在了陈以清家门口。

据内蒙古通用中药有限公司副总经理冯学明介绍：“我们在招工时优先考虑贫困户，当我们得知陈以清家的遭遇后，就直接请陈以清来做工，工费按天结算。在用工高峰期，公司雇用村民 120 多人。”

“我在厂里干活已经有好几个月了，每天收入 150 多元，一个月下来能挣不少呢，丈夫看病的钱够了，剩下点还能填补家用。”陈以清眼含热泪地说。

“内蒙古通用中药有限公司的入驻，增加了当地的就业岗位，去年光工资就发了 100 多万，为我们乡的脱贫攻坚工作做出了很大贡献。”德胜沟乡党委书记王四虎说。

除了聘用周边农户及贫困户到企业打工，增加工资性收益外，公司还通过合作社占股收益分红惠及3个村委会228户农户，其中贫困户12户，支付厂地租金20万元，壮大了村集体经济。

据通用技术集团选派到武川的帮扶干部、武川县委有关领导介绍，要想实实在在提高当地农民收入，还得带着大家一起干。“我们采取统一生产、统一经营、统一管理的‘公司+合作社+农户’模式，在2018年发展中药材种植就流转了2000多亩土地，每年土地年总租金20万元，户均获益2560元。其中涉及贫困户7户共计155亩，户均获益1771元。”

药材种植是朝阳产业，能切实带动地方经济发展，让老百姓致富。“截至2019年，集团扶贫资金累计投入中药材产业领域资金达770万元，主要用于推动集一二三产为一体的武川县首个中药材扶贫产业示范园的建设和扶持，目前该示范园区的建设有序推进，示范效应将逐步显现。”武川县委有关领导说。

从“地头草”到“杯中宝”

从武川县城出发，大约半个小时的路程，便来到了中国通用武川中药材产业扶贫产业园的种植区，3700多亩的核心区内种植了黄芪、黄芩、乌拉尔甘草、防风、柴胡等10余种药材。

此时，武川县日欣隆惠农种植专业合作社负责人王征源正带领着10多名工人拔草。“近年来，中药材市场行情看好，国内外需求量增加，这是一个商机。德胜沟乡的黄芪品质好、名气大，我才决定回乡创业。”王征源说。

2011年，王征源放弃年薪20万的职业经理人工作，回到家乡开始创业种植黄芪，并成立了武川县日欣隆惠农种植专业合作社。

“我们合作社与内蒙古某中药有限公司签了3年的合同，这3700亩种植区由合作社按照公司的要求进行种植和管理，收获后企业按照订单全部收走，而且价格要比市场价格略高。”王征源说。

李玉是得胜沟乡蘑菇窑村的药材种植户，他种植的20亩黄芪年收入在10万元左右。李玉说：“黄芪是冷热货，由于市场价格波动，过去，农民一年种另一年不种，全村不过几十亩。去年，一家中药有限公司在我们这里建了厂，还与我们的合作社签了订单，价格比较平稳，我们的心也安稳下来，现在我自己就种了80亩地的黄芪。”

武川县中西部乡镇山多地少，种植粮食作物收益较低，但土壤、气候等自然条件十分适合发展黄芪等中药材种植产业。目前，在得胜沟乡、哈拉合少乡、西乌兰不浪镇等地分散种植中药材的农户，在政府的引导和扶持下正在走合作社经营的模式，产业规模不断扩大。现在，仅德胜沟乡药材种植面积就达到5000亩。

武川县政府机关领导说，过去一说到土豆和莜面，就想到武川，而今天一说到黄芪、柴胡、赤芍等，药材圈子里的人，都知道武川的这些药材是道地药材，否则被视为外行。

目前该县共有中药材专业合作社7个，种植户近200户。2018年中药材年产量达1万吨，总产值约7025万元。2019年全县中药材种植面积已达到近3万亩。

道地药材发展恰当其时

近年来，我国先后出台了《中药材保护和发展规划（2015—2020年）》《关于印发中药材产业扶贫行动计划（2017—2020）的通知》等一系列文件，支持并推动贫困地区发展中药材产业。

内蒙古自治区下发《内蒙古自治区蒙药材中药材保护和发展实施

方案（2016—2020年）》提出，要将蒙药材中药材种植基地、蒙中药饮片生产企业及配套设施纳入相关政策支持范围，加大资金投入。《内蒙古振兴蒙药行动计划（2017—2025年）》也提出要在全区培育12个集中连片、6万亩以上的区域性药材种植基地。

“天时”与“地利”，让武川中药材得天独厚，再加上通用技术集团在武川县大力发展中草药产业这个“人和”，武川县发展道地药材恰当其时。

该县政府有关负责人坦言，“通过通用技术集团的引领和带动，我们给武川县中蒙药材建设制定了近期规划，按照‘政府引导、龙头带动、农民参与、稳步推进’的发展思路，根据不同的气候、地理环境及市场动态需求，选择适合种植的品种，走特色化、差异化发展之路。”

按照近期规划，武川县将种植中药材6万—10万亩，在德胜沟乡、大青山乡，依托红色旅游项目，打造中蒙药材文化旅游观光带；在哈拉合少乡、西乌兰不浪镇主要种植黄芪、黄芩、党参；在哈乐镇主要种植板蓝根、防风、知母等。同时，对一些濒危稀缺的中蒙药材进行抢救性种植保护。其间，配套政策措施和相关服务都成为这项规划的环节和要素。

产业扶贫，是助力武川县脱贫攻坚的强大力量。目前，武川县初步形成了“山地中药材、平川食用菌、沟壑经济林、坡地小杂粮、点上乌骨羊、面上优质薯”的特色产业促脱贫新格局。

“俗话说，送钱送物，不如送条‘路’。武川县这次选对了路子，脱贫产业发展起来了。”武川县委有关领导说。

小蘑菇顶起扶贫产业半边天

——来自湖北河南部分食用菌产区的调查

龙　成

一荤一素一菇，这是联合国粮农组织和世界卫生组织发布的人类最佳饮食结构，其中菇属于食用菌。富含丰富维生素营养价值的食用菌，不仅有着养生保健功效，在脱贫攻坚上更是顶起了扶贫产业的半边天。

据中国乡镇企业协会食用菌产业分会调研统计，在全国近500个国家级扶贫开发重点县中，把食用菌作为主导产业之一的占比达到70%以上。食用菌产业为何能够覆盖七成的深度贫困县？

技术成熟　环境依赖度较低

深秋时节，从湖北十堰市驱车两个小时，到达湖北省最西部的竹溪县。据悉，这里是连接华中地区、面向大西北、出入大西南的重要通道，有“朝秦暮楚地，自然中国心”之称。

竹溪县政府领导说：“我们这儿地处三省交界，自然环境好但产业发育不足，是国家级贫困县。两年前，我们开始主推食用菌产业，经过两年的发展，现在食用菌产业进入大发展阶段，已成为竹溪脱贫攻坚的主导产业。”

据竹溪县政府报告数据显示，到2018年底，全县生产食用菌6000

万棒，产量5.4万吨，产值4.86亿元，带动贫困户10552户，户均增收8470元以上。

走进四面环山的竹溪县蒋家堰镇颜家街村，位于坡地的村里一排排香菇大棚鳞次栉比。

丰农合作社负责人颜旭说："这里四面环山，地形属于坡地，我们在大棚中种植菌菇，成本低、管理简单方便、香菇品质好，所产的香菇基本都是一级菇和特级菇，出售的价格也更高，每斤将在6元以上。同时，它不需占用连片平整土地，对地形和环境的要求可人工干预，极适宜千家万户栽培。"

据蒋家堰镇相关负责人介绍，他们通过外聘先进专业技术团队入驻，推广先进的种植技术和产品标准，为当地提供技术支撑和保障。

外聘的浙江技术团队负责人何关虎介绍："香菇生长期长，生殖生长需要55—150天的过程，同时，每10—12小时就要变换一次温湿光气条件，令其正常生长才能够生产出多产菇产好菇的菌棒，之后需要5—6.5个月的采菇期。我们充分利用竹溪山区的气候，实行香菇立体栽培模式，技术已经很成熟，工厂化和人工相结合，不仅可以降低成本，增加香菇产量，生长的香菇肉质厚，菇形又好，颇受消费者青睐。"

据悉，近年来，随着"南菇北移""东菇西进""精准扶贫"等发展战略的推进，香菇代料栽培模式在河南、河北、辽宁、贵州等地得到全面推广。主产区已经可分为东南（福建、浙江）、华中（湖北、河南、山西、河北）、东北（辽宁、吉林、黑龙江）和西南（云南、贵州、四川、重庆、陕西等）四大产区，覆盖大部分贫困地区。

市场开阔　内销外贸可消化国内产能

在颜家街村长年驻扎的技术人员何关虎，另一个身份是浙江食用菌商人，每天会从全国发 3—5 车 10 吨多的香菇到浙江，然后由浙江地区的合伙人进行加工，后续出口至韩国、日本，价格从菇出棚到市场终端翻了近十倍。

图为颜家街村村民在筛选香菇

“我当初就是看上这儿的气候，地处深山，山场面积大，冬季温度也适宜，可以一年四季生长，用于生产香菇的原材料栎木资源丰富。我们在浙江、福建、河北等地都有基地，很多地方都可以种，各有各的优势。”何关虎说。

据了解，香菇的消费市场正由东南亚向全球延伸并快速增长。从世界和中国食用菌生产和消费情况看，香菇是食用菌中的第一大品种，国际香菇产量约占食用菌总量的 22%，中国产香菇 2017 年总产量 986.51 万吨，比 10 年前增加了 3 倍多，但销售市场基本保持平稳。中国乡镇企业协会食用菌分会秘书长谢永信介绍，中国香菇“产业化整合营销”目前还在努力中，全面开花、散户种植的现状还将继续进行下去，香菇工厂化种植由于受各种条件制约短时间内还难以形成规模。

在河南省濮阳市清丰县马庄桥镇赵家村采访时，村党支部书记赵玉甫说："我们2016年开始发展食用菌种植。由于村里没有食用菌种植的先例，不少村民对食用菌种植持观望态度。后来我们27名党员干部一对一帮扶，发展食用菌大棚种植，当年户均增收1.5万余元。经过两年多发展，全村规模已达1100余亩，大棚650座，现已成为全国最大的'黑皮鸡枞菌'生产基地。"

为了扩大销量，2018年，赵玉普在村里创建了"大地密码电子商务销售平台"，与京东、阿里巴巴等知名电商加强合作，并成功上线"中国社会扶贫网"电商平台，产品平均日销8000余单，高峰时超过3万单，销售额高达90余万元。电商销售的迅速发展带动了50余名贫困户实现就业，月工资达2000元以上。

产业健全　扶贫带贫机制丰富有效

在赵家村食用菌基地里，大棚密密麻麻。

赵玉甫说："这些棚内有黑皮鸡枞菌、香菇、鸡腿菇、茶树菇等菌菇品类，但是也因为规模的扩大导致菌包的需求量急剧增加，从山东采购菌包弊端日益凸显，面临着菌包供应不及时、运输损坏等问题。为降低菌包成本，解决资金难题，我们引进'誉丰菌业公司'投资了1000余万元，建设了日产2万包的菌包加工厂，每年可节约成本500余万元。但产业扩大总是会导致价格低迷，我们就从产品深加工着手，筹措资金建设了1500平方米的冷库和大型烘干房10座，通过冷藏保鲜、热风烘干、腌制加工等，每年可增收120余万元。"

为加强贫困户与食用菌产业的利益联结，赵玉甫带领村"两委"和党员干部，探索"公司+合作社+农户"的运营模式，针对贫困户不同情况，探索创新四种带贫模式：一是“出钱又出力”的“包棚创业”模式。针对有劳动能力和种植意愿的贫困户，动员其利用到户增收资金或小额贴息贷款购买菌包，自主管理，基地免费提供大棚及水电设施；合作社负责提供菌种、技术，并承诺后期回收，保证做到种植零风险。二是“出钱不出力”的“菌包托管”模式。针对符合扶贫贷款条件、不具备劳动能力的贫困户，动员其加入食用菌种植合作社，利用到户增收资金或小额贴息贷款购买菌包托管给合作社种植，合作社每月给贫困户分红 500 元。三是“出力不出钱”的“劳务承包”模式。针对有劳动力的贫困户，将食用菌大棚承包给贫困户，合作社负责生产投入，贫困户负责棚内摘菇、削根、分级等劳动，按照出菇数量确定劳务收入。四是“不出钱不出力”的“互助救济”模式。针对年老体衰、不符合贷款条件的五保、孤寡老人等贫困户，由合作社和商户拿出部分利润临时救助，每户每月可得到 300 元的救济。

村里贫困户余德友和老伴相依为命，年龄大、缺资金和技术，成为他家致贫的首要原因。去年 10 月，他从合作社承包了 5 个棚 3000 棒食用菌，短短几个月时间，就赚到了 3000 余元。尝到了甜头后，今年初，他又“追养”了 5 个棚，共计 10 个棚 6000 棒食用菌。

目前，基地共带动全镇贫困户 252 户 816 人，实现 179 户 669 人稳定脱贫。

据清丰县县委领导介绍，清丰县类似于赵家村这样的食用菌生产基地，在 17 个乡镇新建设了 70 个，标准化大棚 10200 座，种植面积达 1500 万平方米，发展龙头企业 17 家，专业合作社 45 家，年产值突破 15 亿元，带动 1.5 万贫困人口脱贫。

扶贫路上“授人以渔”

——我国推进渔业产业发展助力打赢脱贫攻坚战

韩　超

发展产业，是实现脱贫的根本之策。近年来，各地农业农村部门把推进渔业高质量发展与贫困地区产业发展有效衔接，把推进产业扶贫与乡村振兴有效衔接，以定点扶贫地区、深度贫困地区、大兴安岭南麓片区、环京津贫困地区、新疆和西藏等地区为重点，加强协调配合和上下联动，形成整体合力，为坚决打赢脱贫攻坚战和全面建成小康社会贡献渔业力量。

哈尼梯田叠加“立体产业”

渔业扶贫是最直接、见效最快的产业扶贫方式之一，这是不少深度贫困地区人们的共识。

云南省红河哈尼族彝族自治州南部的元阳县，对许多摄影爱好者来说并不陌生。这里的稻作梯田系统是全球重要农业文化遗产，也是我国首个以民族名称命名的世界文化遗产。而元阳的另一面，却是集边疆、山区、少数民族、贫困于一体的国家扶贫开发工作重点县，属于深度贫困地区。全县贫困人口达 2.5 万户、11 万人，贫困发生率 26.74%，居全州第一位。

近年来，元阳县因地制宜，把世界文化遗产哈尼梯田保护利用与脱贫攻坚、产业发展、品牌打造相结合，以提高农业综合效益为主攻方向，大力推广“稻鱼鸭”综合种养模式，实现脱贫攻坚和哈尼梯田保护“双推进”，走出了一条符合元阳山区特色农业经济发展的新路子。

“稻鱼鸭”综合种养，就是利用稻田的浅水环境，使稻田内的水资源、杂草资源、水生动物资源、昆虫以及其他物质和能源，更加充分地被养殖鱼鸭所利用，并通过鱼、鸭吃掉稻田中的害虫和杂草排泄粪肥，翻动泥土促进肥料分解，为稻田除草除虫、疏土和增肥，为水稻生长创造良好条件，是一项发展生态循环农业、提高稻田综合效益的技术措施。

在农业农村部渔业渔政管理局的大力支持和全国水产技术推广总站、中国水产学会的指导帮扶下，元阳县按照每亩发放3公斤红米种子、投放10公斤鱼苗、16只鸭苗的标准开展“稻鱼鸭”综合种养模式试验示范，总结形成了品种选择、鱼苗和雏鸭投放、病虫害防治、适时收获等一整套“稻鱼鸭”综合种养技术。短短3年时间，建立了一个周期短、见效快、增收稳的扶贫新产业。

在此基础上，2017年，元阳县以“公司+合作社+农户”“合作社+农户或种植大户”带动等方式打造“稻鱼鸭”综合种养连片示范点13片2万亩，辐射带动3万亩，覆盖22个贫困村、4792户贫困户；2018年，在除南沙镇以外的13个乡镇实施稻田综合种养面积5万亩，其中示范3万亩、辐射带动2万亩，涉及农户8634户，其中建档立卡贫困户5347户。

原本单纯依靠种植水稻，亩均产值仅仅2000元的梯田，摇身一变成为“百斤粮、百斤鱼、千枚蛋、万产值”的聚宝盆。

天南地北再造“鱼米之乡”

如今，稻渔综合种养与精准扶贫、精准脱贫已经深深结缘。

在广西，三江县按照“山山有茶、田田有鱼”的生态目标，大力推广“优质稻＋再生稻＋鱼＋螺”模式。在传统稻田养鱼的基础上进行技术升级创新，推行“坑沟式”，即加高、加固田基，在田间开挖鱼坑、鱼沟，保水保肥、抗旱减灾的同时，提高了鱼的产量；同时，实行“优质稻＋再生稻＋鱼”多品种立体开发。水稻品种主推“野香优3号”“中浙优1号”；水中放养本地鲤鱼，部分田块还试验性地混养罗非鱼、泥鳅、田螺等，形成了“水上有稻、水中有鱼、水底有螺、泥中有鳅、坑上有瓜果”的立体种养模式。

“一季稻＋再生稻＋鱼”的“三江模式”下，2018年实现高山稻鱼年产量3122吨，产值1.3亿元，高山鱼稻（再生稻）年产值1500万元，稻田综合种养已覆盖70%以上的贫困户，贫困人口每人每年增收1000元以上。

“目前，各地逐步形成了稻鱼、稻蟹、稻虾、稻鳖等19种典型新技术模式，成效显著。实践表明，稻渔综合种养具有‘不与人争粮，不与粮争地’的优势，‘一水两用、一田双收’，能有效促进粮食生产，极大促进农渔民增收；同时具有巨大的生态效益，是产业扶贫的有效手段，是渔业转方式、调结构的重要抓手。”农业农村部渔业渔政管理局负责人说。

近年来，农业农村部在云南元阳、红河及湖南永顺、广西三江、黑龙江泰来、内蒙古兴安盟等地开展稻渔综合种养技术示范。各地也纷纷出台专门的扶持政策。

从全国范围来看，调查表明，稻渔综合种养比单种水稻亩均效益增加90%以上，增加产值524.76元，采用新模式的可增加产值1000元以上，如稻蟹模式增加2484.33元，效益增加351%。稻渔模式下的稻米和水产品品质优良，较普通稻米和水产品价格高，稻米普遍比普通稻米每公斤多卖约0.4元，根据示范点测产验收结果，每亩增加效益最低 941.86 元，最高 13584.71 元。

盐碱地上兴起“渔农小镇”

位于甘肃省中部的景泰县，是土地盐碱化的“重灾区”，全县近 27 万亩耕地受到不同程度的盐碱化危害，并以每年 5000 亩的速度蔓延，因盐碱化弃耕撂荒的土地达到 6.5 万亩。全县 3.47 万建档立卡贫困人口中的 29% 分布在盐碱危害区。“冬天白茫茫，夏天水汪汪”是景泰曾经的写照。

为了治理、改善土地盐碱化，在中国水产科学研究院东海水产研究所、渔业机械仪器研究所、黑龙江水产研究所以及西北生态环境资源研究院等科研单位助力下，景泰积极开展水质化验、品种试验、数据分析、培训推广，探索出一条以渔还田、渔农并重的治碱治贫相结合的路子。

2016 年，景泰县盐碱水首次养殖试验喜获成功，投放的鲤鱼、鲫鱼、鲟鱼等品种生长良好，虾苗成活率达 60% 以上；2017 年，景泰县对虹鳟、金鳟、七彩鲑的孵化获得成功；2018 年，鲟鱼鱼苗培育成功，对南美白对虾进行大批量淡化，虾苗不仅满足本地市场，还销往酒泉、张掖、银川、内蒙古等地。

渔业增效的同时，“三降”的出现让景泰人更坚定了信心。“三降”，即在盐碱区开挖鱼塘后周边地下水位迅速下降、再造新田 PH 值由 8.8 下降至 8.2、盐分由 1.40% 下降至 0.60%，符合各种耐碱植物的生长。据测算，每开挖 100 亩鱼塘，就可抬田 60 亩，周边耕地可逐步恢复耕种，起到“挖一方池塘，改良一片耕地，修复一片生态”的作用。目前，全县已抬田恢复耕地 1200 亩，改良治理盐碱地 2 万余亩，形成了“挖塘降水、抬田造地、渔农并重、修复生态”的治理经验和思路。

“以渔治碱”不仅释放出巨大的生态效益，“带动脱贫”的经济效益和社会效益也开始显现。立足甘肃及西北水产品市场需求旺盛的实际，景泰积极培育特色富民产业，着力打造“戈壁鱼虾蟹”品牌。以龙头企业、合作社为主体，以贫困村和贫困户为扶持重点，每户扶持资金 2 万元，在条件适宜的贫困村和非贫困村建立戈壁渔业脱贫产业园和特色产业园，贫困户通过土地入股、资金入股、入园务工等途径，多渠道增加经济收入。

2019 年，全县已建成脱贫产业园 4 个、特色产业园 3 个，辐射带动贫困户 1600 多户。发展戈壁渔业 19 处，承载企业 28 家，累计带动盐碱区 2000 多名贫困人口脱贫。

红薯产业扶贫的战“疫”之道

张振中

2020年2月8日，正值元宵佳节。湘桂边界，在湖南省11个深度贫困县之一——城步苗族自治县汀坪乡隘上村，“红薯妹”刘星忙得不亦乐乎：一方面，作为村里的防控专干，她要劝导外面的人不要进村串门拜访；另一方面，她要劝说村民不要外出打工。

截至2月20日，虽然城步县尚没有新冠肺炎确诊病例和疑似病例，但这波猝不及防的疫情还是震荡了这个小山村，特别是让刘星领办的红薯扶贫产业受到了前所未有的冲击。

刘星的红薯产业扶贫项目是汀坪乡的支柱农业产业，也是城步县特色的扶贫产业，2019年，带动了260多名贫困村民脱贫，产业扶贫形势向好向上，但疫情打乱了原有的产业发展节奏。以往春节前后一个月本是红薯制品年货畅销的时候，但今年春节期间经营惨淡。

“如疫情持续一个月，一个贫困户将减少就业工资2000元，一个代理商减少销售收入2万元，一个小型农业企业减少销售产值20万元。”刘星感慨地说，在这条扶贫产业的链条上，生产方、加工方乃至消费者都受到影响。

与其怨天尤人，不如奋起直追。在政府、企业、村民的共同努力下，刘星将原本想外出务工的工人留在村里，让生产有依；利用市民待在家里急需大量健康、方便产品的契机和已经恢复运行的快递公司合作，让红薯面等快销产品销售有道……

刘星（右）帮助贫困户伍福贞在电商平台销卖产品

在一系列“组合拳”之下，虽然疫情尚未完全结束，但刘星从中看到了产业扶贫乃至“决胜脱贫”的希望。

扶贫有方 小红薯成为扶贫好产业

在湖南湘中、湘西、湘南山区，红薯种植是许多农民的传统农业项目，在隘上村，几乎家家户户都种红薯，当地红薯种植面积较大，产量很高。然而，红薯不耐储藏，农民以前通常将红薯放在简易的地窖里储藏，贫困农民手中积压了大量的红薯卖不出去。

“不能让红薯烂在地窖里，而要让红薯端上餐桌。”2015 年，27 岁的刘星从广东务工回乡后“甩”出这样一句话。刘星出生于贫困家庭，中专毕业后到广州、深圳等地打拼，摆过地摊、做过工人、当过秘书，奋发有为。2015 年，一次回家探亲遇上“借学费”之事让她刻骨铭心。贫困村民刘春华孩子的学费没有着落，无奈之下找到刘星借钱，说好收了红薯后挑几担到城里卖了还钱。

但天不遂人意。红薯丰收后并没有给刘春华家带来喜悦：堆成小山的红薯以最便宜的价格也卖不出去。这让刘星心痛不已。

能不能将红薯做成好产品？如何将产品卖出好价钱？2015 年底，刘星在家乡白手起家，自主创业。她仔细钻研红薯干等农产品的制作手艺，研制出多种薯类新产品，提高了产品的附加值和竞争力，为拓宽市场打下了基础。

经过半年多的努力，刘星用一台智能手机成功将红薯干等农产品打入市场，城步红薯制品从苗乡小山窝飞向全国各地。2016 年 7 月，刘星成立城步红薯妹农业科技发展有限公司，将收购农户的红薯、香芋等农作物进行初加工，利用互联网打开销路，让农户们过去吃不完、卖不掉的农产品变成了“真金白银”。公司创办的第一年，实现收入 20 万元。随着影响力不断扩大，越来越多的苗乡群众亲切称呼她为“红薯妹”。于是，她注册了“红薯妹”商标，成为城步红薯产品的代言人。

富裕起来的刘星没有忘记贫困农民，她带领更多群众脱贫致富。2017 年，她组织村民成立青青缘薯类种植专业合作社，发动 42 户村民（其中 17 户为贫困户）以土地、资金入股等形式加入合作社，种植红薯 80 余亩，以保护价进行回收，发动村民种植红薯增加收入。2019 年，合作社红薯种植规模由 3 个村扩大到两个乡镇，400 多亩地，吸引了 500 多名村民加入合作社，其中贫困户 230 多名、移民 26 名。贫困村民以土地、资金、务工等形式入股，年底可得到分红，增加了村民收入。

合作社规模越来越大，社员们日子越过越甜。加入合作社的村民感激地说，原来种出来的红薯都拿来喂猪喂鸡，自从刘星成立合作社、创办加工厂和电商工作室后，昔日的土东西变成网上抢手货，价钱好且供不应求。

疫情之下 多方收益受损

刘星团队的产业扶贫模式，让贫困户增收、企业增效、政府增光。2019年收获满满，刘星本打算2020年增聘员工、扩大规模、创新产品，大干一场。

但新冠肺炎疫情的突然袭击，打乱了合作社发展的节奏，红薯产业链上的各个环节都受到不同程度的影响，生产方、加工方、销售方、消费者都无一幸免。

加工首先受到冲击。公司自己的加工厂以往春节前后平均每天加工红薯近1000公斤，生产的红薯叶、红薯茎、红薯条、红薯酒在春节期间火爆销售，忙时需要组织员工们加班加点生产。今年事与愿违，由于担心员工集聚加工而带来健康危险，直到正月十五还没有开工，公司购进的红薯还有四五吨储放在地窖里，有些都已放坏。刘星说："往年这个月公司有20万元销售产值，今年估计'泡汤了'。"

销售方也跟着受损。刘星的红薯系列制品主要依靠两个渠道销售：电商与代理商。合作社开设了自己的淘宝店、微店，并在消费扶贫电商平台进行销售，加上区域代理商，大大小小有200多家销售商家。"去年春节，浙江总代理杨惠一天能卖几万元产品，今年春节却卖不了多少。原因很简单：没货。"刘星苦笑道。原来春节后从农村老家回城时，大家都喜欢从农村买些红薯干、红薯片等带回城里，如今却断货。杨惠算了笔账，按往年春节前后销售10万多元红薯制品计算，她可以获得2万元左右的销售收入，可今年却不行了。

农民等种植生产方也受到波及。"去年春节，初六就提前上班了，16名员工'白加黑'忙碌在车间里，当中有6个贫困户参与加工，算上加班费用，春节前后这个月贫困村民有两三千元工资。”而今年春节前后一个月，除缺少 2000 元就业工资外，贫困户最担心的是合作社资金紧张，原来准备扩大的种植规模不得不缩减，贫困户的收益就会降低。

危中寻机　各方共同应对

“今年是脱贫攻坚的决胜之年，无论如何也不能让贫困户的收益受到大影响。”刘星坚定地说。为了这个承诺，作为村干部和合作社负责人，刘星一边忙疫情防控，一边劝导村民。

红薯一般在四五月份种植，刘星原本想带领村民今年扩大种植规模到 600 亩，但一些村民受疫情影响想跑到外地去打工。“乡亲们得坚定信心，再在家里待几天，应该马上可以复工，更不会影响两个月之后的种植。”刘星通过打电话、发微信的方式劝导村民留在村里、留在合作社。

合作社社员、贫困户伍福贞留了下来，“‘红薯妹’为的不是她自己，而是我们这些村民和贫困户。她将无尘车间的千余个口罩免费送给我们村民防护，我们得学会感恩。困难时候，我不能当逃兵。”伍福贞如此表态。不仅如此，“90 后”大专毕业生彭申红、杨秋云决定今年不去外地工作，跟着刘星做淘宝直播和短视频摄影。

危中寻机。在疫情大考面前，不甘心、不服输的刘星找到了机遇。由于原来加工制作的都是薯类休闲食品，刘星尝试加工了一种餐饮类健康快销食品：红薯面。刘星和同事陈昌客一起将 4000 多斤红薯面送到城步县疫情防控指挥部，请指挥部转送给一线工作人员和食品短缺的消费者。

“这红薯面，不仅煮起来快速，而且吃起来健康营养。”防疫一线工作人员和消费者大加夸赞。通过口碑传播，并随着快递恢复后电商的品牌传播，刘星从中看到了新的市场契机，今年决定大批量生产红薯面。

危机时候，村民讲情义，企业担道义，政府讲大义。当地政府借春节假期延长之际，请设计师在线设计一个民族特色的苗乡苗品小阁楼。疫情过后，帮助刘星建设小阁楼，将当地苗寨的特色农产品和文化旅游产品整合营销，组建一个团队来运作淘宝直播和短视频平台，让红薯产业扶贫惠及更多的贫困户生产者、销售者以及消费者。

百香果成了致富果

操　戈　邓卫哲

百香果是海南特色农产品调优增效产业之一，也是各地主抓的特色扶贫产业之一，2019 年全省种植面积为 1.3 万亩。2018 年以来，海南省农业农村厅拿出 1000 多万元专项资金，重点扶持百香果品种适应性选育、健康种苗基地建设、种苗病毒检测、示范基地建设等方面，计划 5 年内在全省种植 10 万亩百香果。

为了鼓励贫困地区发展百香果产业，海南省政府明确要求临高、保亭、白沙、五指山、琼中五个国定贫困市县，要积极引进龙头企业发展百香果标准化示范基地及指导农户发展庭院经济，实行种苗、药肥、栽培、包装、销售“五统一”推进产业发展，实现产业脱贫。同时在示范基地建设扶持方面予以倾斜，贫困地区一亩补贴 5000 元，非贫困地区一亩补贴 3000 元。

130 亩百香果分红 42 万

2018 年底，海南省临高县多文镇凤雅村的 130 亩百香果大获丰收，村民们共分红 42 万元，最多的拿到 7 万元，少者也有 2000 多元。村里参与种植的 34 户贫困户全部脱贫。

走进凤雅村的百香果种植基地，绿油油的藤蔓爬满棚架，一个个网球大小的青翠百香果挂满枝头，果香诱人。忙着摘果的合作社理事长王志强笑着说："百香果好打理、见效快，是难得的脱贫致富好产业。"

没种百香果前，凤雅村村民的主要收入来源是橡胶、香蕉和冬季瓜菜。王志强说，橡胶价格多年低迷，基本没人割胶了；香蕉投入大，贫困户多数种不起；冬季瓜菜价格波动较大，收入也不稳定。

由于缺乏好的产业支撑，凤雅村到前年全村仍有 80 户 366 人未脱贫。在该村驻村第一书记黄尚骞看来，要想让贫困群众永续脱贫，就得选出好的产业带动。

"街上水吧的老盐百香果卖到十多二十块钱一杯，我们为何不种点百香果呢？"去年初一次村"两委"外出考察学习中，黄尚骞发现百香果产量高、效益好，又不愁卖，当时便有了引进这一产业的想法。

百香果果瓤多汁液，富含多种维生素，口感酸甜，可制成芳香可口的饮料，还可添加在其他饮料中以提高饮料的品质，近些年来颇受年轻人的喜爱。

经过多方咨询考证，海南各地气候均适合种植百香果。说干就干，在黄尚骞动员协调下，2018 年 6 月，凤雅村采取"公司 + 合作社 + 贫困户"模式，带领贫困户发展百香果产业，由三亚桂盈农业科技有限公司提供种苗，村委会牵头成立雅香园种养专业合作社，实行保底价收购，并提供技术跟踪服务。

"这是短平快项目，种植 3 至 5 个月就能收获，投入不大，是扶贫的好项目。"黄尚骞给算了笔账，百香果易种易管，与种苦瓜差不多。每亩投入约 4000 元左右，一年可收两茬，每亩产量 2000 到 3000 斤。合作社保底价 5 元每斤统一收购，贫困户不愁销路，管得好每亩产值超过 1 万元。

种苗把控好　农民不亏钱

"百香果虽然是短平快的扶贫项目，但必须做好源头种苗品质把控和标准化示范种植推广，不然产业难以持续稳定发展。”海南省农业农村厅南亚办主任祝英武直言，政府必须帮助农民做好源头种苗把控和技术指导，让老百姓拿到产量高、安全无毒的种苗，少走种植弯路。

为此，2018 年海南省农业农村厅专门共安排 150 万元专项资金支持百香果品种适应性选育，争取在 9 个市县做试验并从中选出最优的母株进行培育和推广。同时拿出 200 万元专门扶持百香果健康种苗基地建设。

祝英武认为，政府在源头上花了更多精力，抓得更扎实些，苗的质量有保障，产业基本就成功一半，农户就不至于亏本。同时，种苗质量把控好，农民后期管理也轻松，成本要低很多。

在海口市桂林洋国家热带农业公园上千平方米的玻璃温室大棚内，一排排的百香果种苗长势旺盛。在此育苗的某生物科技公司（以下简称“海香公司”）总经理介绍，为了确保种苗质量，他们专门从台湾引进台农 1 号、小黄金、大黄金等百香果脱毒种子，通过智能控温系统，实现年育苗量 500 万株。

为了确保贫困户能够种出好产品、卖出好价钱，海香公司专门从台湾和广西地区高薪聘请了近百人的田间技术服务团队，为贫困户提供“种苗 + 技术”的全程管护服务。杨天浩认为，只有好的种苗配套好的田间技术服务，才能确保产业稳定。

在海南省万宁市北大村，海香公司通过“公司 + 合作社”及“公司 + 贫困户”两种方式带动贫困户种植百香果。“公司 + 合作社”模式面积较小，主要是做给农户看，让大伙看到标准化管理的成效，由海香公司统一流转土地做示范种植，政府出资金，公司出种苗、技术、管理，最终收益二八分成，20% 利润补贴公司人员技术服务成本，80% 留作村集体发展基金。

“公司 + 贫困户”模式则是带着农户干，政府扶持种苗和设施成本，由海香公司技术人员手把手教会贫困户种植管理，公司保底收购，收益全部归贫困户。

“产业扶贫，企业只需做好两头，一头是确保种苗质量，另外一头是做好市场销售。”祝英武认为，引进龙头企业参与百香果产业扶贫，就是要让企业做农民做不了的事情。一是加大科研创新，育出好种苗，产业就成功一半；二是强化田间技术服务，管出好产品，卖出好价钱，脱贫自然永续稳定。

从“填补家用”到扶贫主产业

——一把小笤帚搞活全旗大经济

马晓刚　李　昊　邱　静

走进内蒙古自治区赤峰市巴林左旗十三敖包镇，伴着“噼、噼、噼……”响声，经常能看到堆放着很多笤帚苗的农家小院内，三五个人捆绑着笤帚，呈现一片忙碌有序的景象。

地处科尔沁沙地北部的巴林左旗，干旱少雨，笤帚苗耐旱好养，生长期短，适宜当地种植，过去村民们靠着“绑笤帚”换钱补贴家用。近年来，当地政府组织村民重拾“老本行”，把一家一户、小打小闹的“绑笤帚”做成了大产业，发展笤帚苗种植及深加工，打造专业品牌，

巴林左旗笤帚苗产业园区东傲清洁制品有限公司车间里，工人们正在熟练地绑扎笤帚

“小笤帚”由日常生活用具向工艺品转型，成为带动当地百姓脱贫致富的一大抓手。

“新种引育 + 制定标准”深挖笤帚苗产业价值

在巴林左旗笤帚苗产业园区东傲清洁制品有限公司的车间里，贫困户徐丽芹正在熟练地绑扎工艺笤帚。徐丽芹的丈夫得了脑血栓不能干重活，还得供孩子上学，一家人的日子过得紧紧巴巴。她到企业上班后，家里有了稳定的收入。徐丽芹算了一笔账：她一天能绑 11 把工艺笤帚，每把能挣 8 元，一天就有 88 元的收入，一年在企业干上 8 个月，光绑笤帚就能收入 2 万多元，守着家还不耽误地里的农活。一把小笤帚“扫”出了徐丽芹的脱贫路，她家今年就能摘掉贫困户的帽子。

除了绑笤帚，种植笤帚苗也给徐丽芹带来一笔可观的收入。徐丽芹家种的笤帚苗，每亩地能产 200 斤苗、400 斤籽，苗和籽的毛收入能达到 1200 元。

巴林左旗已经成为全国知名的笤帚苗子生产基地，截至 2019 年 5 月，已建成 5000 亩育种基地，笤帚苗种植面积达到 35 万亩，年产原苗 3500 万公斤以上，带动形成了以巴林左旗为核心、辐射周边旗县的 60 万亩笤帚苗种植基地。如今，通过国家商标总局审定登记的“巴林左旗笤帚苗”地理标志证明商标已闻名全国。

近年来，该旗围绕引进优良新品种和改良品种，通过与国家高粱研究中心河北高粱分所、黑龙江省农科院、赤峰农科院等国内大中科学院所合作，针对适合本地气候和产品加工需求，分别引进了具有抗倒伏、抗蚜虫、绿色软苗丝、长纤维等不同特性的 8 个新品种，并做了种植试验，取得了初步数据；繁育优良品种 700 亩，保证了优质种子需求。2018 年，全旗产苗 3175 万公斤，种植户 17637 户，其中建档立卡贫困户 4154 户。品种引进和改良后与种植其他杂粮豆相比，亩均增收 60—100 元。

目前，该旗已规划布局了以十三敖包镇、哈拉哈达镇和林东镇为核心的特色笤帚苗产业带和深度贫困地区隆昌镇重点七个村的产业集中区，辐射带动了周边笤帚苗产业、文化、旅游相融合发展。2018 年，全旗新改建笤帚苗加工厂 40 家，总数达 77 家，笤帚苗加工厂仓储面积由 22397 平方米增加到 57787 平方米，原苗收储能力由 1007 万公斤提升到 2600 万公斤，解决了以前露天不能长时间存放，只能低价出售原苗的难题，每斤原苗价格上涨了 0.5—1 元，直接带动务工人数增加到 2183 人，其中贫困群众 1495 人。

“走出去 + 线上线下”扩大笤帚苗产业知名度

2018 年 5 月 10 日，在北京梅地亚中心召开的首届巴林左旗笤帚苗文化旅游节新闻发布会上，旗长孟和达来从中国民族民间工艺美术家协会会长段晓渝手中接过“中国笤帚苗之乡”的金色牌匾，标志着该旗正式通过了“中国笤帚苗之乡”认证。

2018 年，该旗组织相关企业参加了第 4 届北京国际新型城镇化产业博览会、义乌小商品博览会、海南国际农产品交易会等展销活动，与国际国内客商进行了洽谈对接，扩大市场份额，并与台湾等地的客商建立了长期稳定的合作关系。完成了中央电视台“乡村大世界——走进巴林左旗”以笤帚苗产业为主体内容的节目录制。承办了巴林左旗首届笤帚苗文化节，并成功组织了全旗农牧民笤帚苗绑扎技术千人大赛。

为了让笤帚苗子制品卖出好价钱，巴林左旗开发出了 7 大类 100 多种款式的产品。在巴林左旗笤帚苗子产业扶贫园区的展示馆内，各式花样品种的产品琳琅满目。有孔雀、龙、蛇等动物的肖像笤帚，有小到10厘米、大到1米多的艺术挂件笤帚，还有用笤帚苗的秸秆皮做的艺术画。在展示馆中央，一条两米多长的名曰《金龙冲天》的作品引人注目。它是4个工人用笤帚苗秸秆编制了一个月才完成，这条成本只有5000元的“金龙”，有人想花3万元买走，这中间的差值就是文化的价值。每年，巴林左旗能生产精品工艺笤帚500多万把，这种特色产品正在成为整个产业的新卖点。

2018年，十三敖包镇房身村顾向丽在网上开了一家淘宝店，把巴林左旗的工艺笤帚卖到了全国。刚开始的第一个月就接了14单，卖了6000多元，这使她对这个全新的商业模式充满信心。目前，十三敖包镇房身村已有活跃的淘宝店120余户，笤帚制品的交易额正在逐步增长。网上产品销售额已突破1500万元，电商带动扶贫户3200余户，房身村也被评为国家级“一村一品”示范村。

线上市场方兴未艾，传统市场如火如荼，巴林左旗注册的“敖包”“契丹情缘”“东傲”等品牌的笤帚制品，销往北京、上海、广西等19个省市自治区，精品笤帚还远销日本、韩国和欧洲等国家和地区，小笤帚终于“扫出”了一片大天地，闯进了世界的大市场。

“全产业链＋政策引导” 提高笤帚苗产业带贫能力

陆春超是赤峰市巴林左旗下山湾村一位普通的农民，别看他是个大男人，但在镇里举办的三期笤帚绑扎培训班上，他期期不落，全部准时参加。

陆春超说，因为参加笤帚绑扎培训班的全是妇女，起初还不好意思，但是一想到能学到技术，凭借手艺能致富，他慢慢地转变了思想。通过这三期的培训班，在老师的指导下，陆春超凭着一股韧劲和好学的精神，终于学成了绑扎笤帚的技术，成为培训班最优秀的学员。现在，他已经会绑扎葫芦、按摩锤、五指山、直把子、弯把子、花六子等很多样式。

从原来的贫困户，到现在已经脱贫，年收入 4 万元，陆春超家的生活依靠笤帚苗发生了彻底改变。

巴林左旗坚持实用原则，每年根据笤帚苗产业发展需求和从事笤帚苗产业人员提出的培训要求，确定培训内容，采取理论授课和实际操作相结合的方式进行，全面提高农户技术水平。目前已累计培训 5000 余人次。理论授课结束后，组织学员到龙头企业、加工大户进行实际操作培训。为了保证培训效果，现已建成实习基地 8 个。同时引导各苏木乡镇把笤帚苗产业发展作为重点工作予以推进，将产业扶贫砍块资金和京蒙帮扶资金优先安排到笤帚苗产业发展中，组织建档立卡贫困户积极参与原苗种植和产品加工，通过产业发展带动脱贫。

近年来，巴林左旗用发展工业的理念谋划笤帚苗产业，以十三敖包镇为重点，建设笤帚苗及笤帚制品交易批发市场 2 处，全旗发展从事原苗、笤帚制品批发的商户达 100 多户、笤帚苗产业的农牧民经纪人达 1500 多人、加工技术工人 1800 多人，培育发展笤帚苗种植专业村 10 个、种植户 2 万余户。十三敖包镇北方笤帚制品（敖包牌）专业合作社已列入国家级首批农民专业合作社示范社名录，全旗发展年加工 3 万把以上笤帚制品加工户 76 家，形成了“龙头带动、大户带小户、户户搞加工”的生产格局。目前，巴林左旗已成为全国最大的笤帚苗生产基地和交易集散地、东北地区重要的笤帚制品加工基地。

为适应现代产业发展规模化、专业化、集约化等要求，旗委、政府整合项目和各类资金，对原笤帚制品交易市场进行改扩建，打造旗级笤帚苗产业扶贫园区，统一各类生产要素、统一科学经营管理、统一服务、统一销售，充分发挥扶贫、辐射、示范、带动作用。目前，园区内已吸纳11家企业，安排就业人员500余人，年加工笤帚1000万把，其中精品笤帚达到300万把，交易笤帚2500万把，销售笤帚原苗2600万公斤，交易额达1.6亿元。

在园区的引领带动下，全旗笤帚的年生产销售能力达到7000万把，年产值5.6亿元，全旗笤帚原苗加工转化率、产品研发能力以及农民的经济收入都得到了有效提高，拉伸了产业链条，增加了农产品附加值，带动了交通运输等相关产业发展，解决了部分农村剩余劳动力就业问题。目前，全旗2.1万户6.5万人从事笤帚生产加工，户均收入1.48万元，人均收入4800元，带动6000多贫困人口稳定脱贫。

为了进一步推进笤帚苗产业的发展，去年，巴林左旗在制定了《巴林左旗推进笤帚苗产业发展实施意见》，专门设立3000万元"笤帚苗产业推进专项基金"，每年计划争取和整合各类产业发展资金不少于1亿元，从良种繁育、基地建设、教育培训、产品研发、品牌打造、市场开拓等各环节全面发力。利用三年时间，全旗发展笤帚苗种植基地50万亩以上，就地加工转化率达到80%以上，实现产值12亿元以上，吸纳贫困人口1万人以上，把笤帚苗真正变成脱贫致富的"摇钱树"。

科技引领篇

一颗樱桃的情谊

刘久锋　龙小敏

一个是辽东半岛南端、山海相融的海滨之城，一个是云贵高原西部、千岩万壑的中国凉都。山水相隔6000多里路程，为了“脱贫攻坚”这个共同的目标，辽宁大连市和贵州六盘水市两地结缘走到了一起。

大连市从1996年开始对口帮扶六盘水市，“山”与“海”的纽带也正是因为对口帮扶而多了一分坚持与情谊。从2017年开始，两地之间对口合作更是呈现出互访层级高、次数多，对口帮扶全面升级、持续深化、精准对焦，两地互派挂职干部周期长、成效大的良好态势。

3年来，大连市共选派49名挂职干部赴六盘水市工作，这些干部把智慧和汗水奉献在蒙山盘江这片充满希望的热土上，在六盘水脱贫攻坚的征程中留下了“大连印记”。

大连的樱桃在六枝开花结果

在六盘水市六枝特区大用园区大棚内，整整齐齐的大樱桃树上挂满了绿油油的果实，来自大连援建专家工作组的专家刘保东正拿着锄头穿插在大樱桃树间除草。半个月后，这里的红彤彤大樱桃将走向市场，走进消费者的“果篮子”。

“我们刚来的时候当地农民不接受我们，我们工作组也只有硬着头皮干，没人理解，好在当地的领导比较重视，所以我们坚持下来了。后来，当地农民发现我们确实在做实事，在帮助他们，才逐渐接受我们，并主动跟着我们学习相关技术。”刘保东说。

大用樱桃基地建设是大连对口帮扶的一个重要农业产业。2018年，大连市佛伦德农业科技有限公司的专家刘保东远离家乡，只身来到六枝特区，一头扎在基地搞科研，3年的春节都没能回大连的家过年。在刘保东的带领下，专家组确定了“砂蜜豆”“砂蜜托”“美国一号”和“佳红”4个适宜品种，这些品种的市场价格也不错。

“这些挂职干部真是不容易，到这里与我们同吃同住同工作，工作几乎就是‘五加二’‘白加黑’。”“大家从那么远的地方来到这里，不就是为了让我们早点过上好日子吗？”六盘水市挂职单位工作人员和当地群众一致认为。

带动就业　贫困户从中受益

做大扶贫产业才能有效解决脱贫问题。六枝特区大樱桃基地结合“三变”改革，采取“公司＋基地＋农户”模式和异地置业方式，有效带动就业1.8万人次，受益农户1230户4960人。其中，研发基地通过带动就业，让609人受益，其中，建档立卡贫困户484人，年人均增收1200元以上。为做大做强樱桃产业，已在周边乡镇试种20亩，效果达到预期，年底将在牛场乡种植1000亩。

56岁的贫困户陆贵琼原本在2018年已经脱贫，由于去年丈夫因病去世，耗尽了家里不多的存款，再次被评定为贫困户，属于因病致贫的典型。了解到她家的情况，大樱桃基地为陆贵琼提供了工作岗位。

“每天80元，去年赚了1万多元，基本上够生活的。我家7亩多土地全部都流转出来种樱桃了，按照每亩800元的价格，每年我的土地还可以给我带来将近6000元的收入。算下来，每年可以有1.7万多元的收入，家门口还留有一块地种菜，花不了什么生活费。”陆贵琼说。

在大用园区，像陆贵琼这样将土地全部流转种樱桃的农户在当地比比皆是，没有了土地荒废的后顾之忧，无论在基地务工还是外出务工，都更加放心。

让更多的农民掌握技术

随着基地建设越来越完善，产业结构越来越鲜明，农民技能越来越娴熟，在不久的将来，专家组就会撤出六枝特区，将基地全权交由当地农民打理。

“你们要好好学，等我们走了，这边就只有靠你们了，不光要保证樱桃产业发展好，你们的任务和我们的其实是一样的，还要培养更多的技术人员。到时候你们就是专家，接替我们的工作，只有现在好好学，把技术掌握好了，我们也才能安心回到大连去过年啊！”刘保东时常苦口婆心地对学技术的贫困户说。每当这个时候，学生们就会一言不发，默默地重复着手里的活儿。大家都明白，专家的使命一旦完成，早晚会离开这里，回到他的家乡，尽管舍不得，却也没有办法改变现实。只有趁着有限的时间，多学点知识，不让专家老师失望。

回忆起专家组刚来时的场景，刘保东笑着说：“最大的阻碍是语言不通，一句话要重复很多次，还得比画才能把大概意思传达给当地农民，而在接收农民的反馈时更是艰难，我们几乎听不懂方言，全靠猜，因此还闹出了不少笑话。随着跟当地农民的接触越来越多，现在时不时还能冒出几句正宗的方言了。”专家们花了不到一年的时间，培训出一批贫困户技术人员。

“他们很用心，非常有耐心，从择果、打花、人工授粉等环节，一步不落地手把手教我们，说是要把我们打造成专家。不到一年的时间，我们就基本掌握了。他们又开始教我们如何传授技能，怎么去教别人。现在他们还在，我们做什么都有底气，不知道他们走了，我们行不行，会不会让他们失望。”陆贵琼如实说出了心里的担忧。

为了不让陆贵琼担心的事情发生，六枝特区采取输入技术、抓管护培训的方式，成立了由大连市农科院、山东大樱桃基地、贵州大学等资深专家组成的工作站。专家驻基地开展会诊、培训和实地指导，不仅有省外的专家牵头，还有省内的技术团队兜底，通过引进大连先进管护技术体系，开展樱桃嘉年华等活动，助推农旅、文旅、体旅、康旅深度融合发展。

武陵山麓凤来仪

——湖北省来凤县产业扶贫侧记

向相辉

湖北省恩施州来凤县地处湖北、湖南、重庆三省交界，素有“凤鸣三省”之称，是国家级贫困县。近年来，来凤县在农业农村部支持下，大力发展“两茶一果”（藤茶、油茶和小水果）和“一蜂一菇”（中蜂和香菇），于 2018 年顺利实现整县脱贫。

野藤串起大产业

春日的来凤县，漫山遍野的藤茶发出了新芽。

“莫看这些不起眼的藤茶，可是全县农民致富宝贝呢。”来凤县农业农村局负责人邱克柱介绍。

藤茶，学名显齿蛇葡萄，生于武陵山岩坡上。这种野生藤蔓植物，被作为土家族传统用于治疗慢性病的药物，如今发展成年产值近 10 多亿元的产业，是来凤县第一大农业产业。

1996 年，在大河镇担任乡村医生的向班贵在实践中发现，用岩坡上生长的野生藤茶治疗眩晕病（高血压）效果较好，从此开启了藤茶“野转家”人工栽培技术的研究。

经中国药科大学对藤茶成分检测与分析，二氢杨梅素（黄酮）含量达 45%，超过已知所有植物，还富含十几种氨基酸和硒元素。

随着“野转家”技术日臻成熟，来凤县将藤茶作为农民脱贫产业积极推进，提出全县建成藤茶基地10万亩、实现产值20亿元、带动2万户贫困户脱贫的“4122”模式。截至2019年底，全县8个乡镇、78个村、8000余农户从事藤茶种植（其中建档立卡贫困户5125户），藤茶种植面积达7.2万亩。

近年来，来凤县与中科院、中国药科大学等院校和科研单位开展研发合作，改进藤茶加工工艺，率先在全国制定藤茶生产标准和质量标准。研发的富硒藤茶系列产品荣获“国家地理标志保护产品”、中国武汉农业博览会“名牌产品”“消费者满意商品”等称号；已获得保健品蓝帽子、GMP生产规范、绿色食品、食品质量安全等六大认证，主要成分二氢杨梅素提取等技术获得45项国家专利。

来凤县按工业化、现代化和信息化的要求，对生产、加工、物流、仓储、销售等各个环节全面升级，力争打造国内一流的藤茶产业基地。通过打造精深加工产业链条，促进包括茶精粉、黄酮提取物、藤茶饮料、医药保健品、面膜等50多个品类的大规模生产，从而实现一二三产业同步提升。

科技扶贫筑根基

3月18日，翔凤镇老茶村的一座荒山上，几十个村民正在挖坑定植油茶苗。

“眼下，全村已经发展油茶3100亩，年底可达5000亩，带动周边6个村突破1万亩。现在，油茶加工厂的厂房已建设完毕，正在安装机器设备，建成后将延伸油茶产业链。”九三学社湖北省委科技部副部长、驻老茶村扶贫工作队队长赵良栋介绍。

2015年起，九三学社湖北省委开始在老茶村驻村扶贫。九三学社湖北省委充分发挥科技优势，组织华中农业大学、湖北省农科院、中南财经政法大学等专家团队，深入该村“拿脉问诊”，根据该村土壤、气候特点以及曾有种植油茶的历史，确立了油茶与药材套种，发展万亩油茶、药材基地的路子。两年多来，驻村工作队共组织专家、教授11批85人次来老茶村指导，为茶农讲解修剪、施肥、防虫技术。

2016年，九三学社湖北省委出资100万元，作为村集体入股资金，长期在外经商的村民郑方针投资900多万元，村民们以土地入股，共同组建三木林农业合作社。全村168户建档立卡贫困户，有116户贫困户加入了合作社。合作社统一生产管理、统一销售，所得经营收益按郑方针60%，村集体30%，村民10%的比例分配。村民在合作社务工，能拿到80元/天的收入。截至目前，合作社已累计为村集体分红50多万元。

来凤县一方面紧紧抓住农业农村部、省直单位定点帮扶的契机，深化产业扶贫，精准帮扶。另一方面，大力依靠本地农业龙头企业和种植大户等“本土部队”，推广“公司+合作社+基地+贫困户”模式，带动群众共同致富。目前全县油茶已发展10万余亩，带动130余个村6000多名脱贫户走上了致富路。

打开产业新局面

春光明媚，油菜花开。来凤县三胡乡黄柏园村，武陵山尚凤寨中华蜜蜂产业园，成千上万只蜜蜂正在金黄的油菜花上采蜜。

“一户贫困户只要养上10箱中蜂，就可以脱贫。”尚凤寨蜜蜂养殖专业合作社负责人姚俊说。2010年初，姚俊从浙江温州返乡创业，在黄柏园村建起第一个中蜂繁育基地。他分给30户农户每户10箱中蜂，并以每斤蜂蜜100元的保底价回收。2012年8月，姚俊成功注册“尚

姚俊在查看中蜂健康状况

风寨”商标，彻底改变了当地蜂农只能向批发商贩卖蜂蜜的历史。合作社又进一步整合产业链，形成养殖、加工“一条龙”体系。

如今，仅来凤县就有 40 个村、813 户农户加入合作社，带动 93 户贫困户，打造了 8 个示范养蜂基地，联合农户养蜂 2 万群，年酿蜜 10 万公斤以上，综合产值近 3000 万元。合作社的业务范围还扩展到恩施州全州和重庆市黔江区等地。

在合作社的基础上，武陵山尚风寨中蜂产业园已初步建成，通过“企业 + 村集体 / 创业者 / 专业合作社 + 农户”联动发展，促进农民增收、企业增效。姚俊告诉笔者，他正在探索“千师百店”模式，培训 1000 名养蜂师、开 100 家销售网店，每家网店负责销售 10 名养蜂师的蜂蜜，推动来凤的蜂蜜产业发展壮大。

来凤县大河镇拦马山村，38 个香菇大棚分三列排开，10 多名村民正忙着采摘香菇。

“以前种地只能顾个口粮，现在有活干，能赚钱。”贫困户杨戌眉在香菇大棚打工，每天能挣 75 元，他说，家中的 5 亩土地流转出去，每年有 1050 元租金，加上在香菇基地打工，每月又能有 2000 多元收入，过日子不用发愁了。

2018 年 4 月，大河镇引进明华农业科技有限公司发展香菇产业，杭州市拱墅区帮扶干部考察后认为，香菇种植周期短、见效快，是带动村民脱贫的好产业。明华公司缺少发展资金，杭州市拱墅区雪中送炭，安排东西部协作扶贫资金 270 万元用于建设大棚。如今，百福司、漫水、绿水、革勒车、三胡等5个乡镇建起300个恒温大棚，种植香菇 380 万棒，500 多户贫困户吃上了“香菇饭”。

决战贫困中的“高校力量”

——安徽农业大学服务脱贫攻坚纪实

杨丹丹

每年8000多人次的专家奔波于脱贫攻坚一线，累计投入两亿多元用于脱贫攻坚工作；安徽省60%以上县域主导产业由该校作为技术依托单位；安徽省17个国家级农业园区中14个由该校负责规划，为地方打造了100多个特色产业……近年来，安徽农业大学把服务脱贫攻坚作为育人报国的“大擂台”，作为建设特色高水平大学的“强引擎”，集聚优势资源和人才，在安徽脱贫攻坚一线发挥重要作用。

试验站覆盖全省主导产业

定远县地处安徽东部丘陵区，农业生产条件一般，如何找到一条适应发展的农业转型之路，一直困扰着当地。正在这时，安徽农业大学成立新农村发展研究院，探索新型农业技术推广服务模式——“一站一盟一中心”，即建设综合试验站，成立现代农业产学研联盟，组建现代农业技术合作推广服务中心。

2016年4月，定远县江淮分水岭综合试验站拔地而起，也开启了定远县农业转型升级的大幕。安徽农业大学动物科技学院教授张子军“走马上任”成为首任站长，代表学校“驻扎”定远县，一方面对接学校，把学校的科技成果在定远县转化，一方面对接当地，负责组织攻关定远县农业发展存在的问题。

试验站成立后，学校立足当地实际，又组建了水稻、小麦、猪禽等九大产业联盟，具体来落实攻关事宜。张子军带着九大产业联盟的专家，跑遍了定远县22个乡镇，对当地农业产业走访调研，量身定做了主导产业发展规划。每个联盟的首席专家，要为当地产业发展提供“保姆式”服务，从年初制订工作计划，到每个月至少一次实地指导产业发展，从指导具体的生产环节，到提供全产业链服务。

几年来，试验站共为定远县引进农业新品种376个，应用农业新技术92项，探索新模式15项，示范推广面积10万余亩，服务农业企业100多家。定远县已形成“草、菌、虾、猪、鹅”五大特色产业，成为农民脱贫致富的重要途径。2019年4月，定远县退出贫困县序列。

一个个综合试验站就支撑起一个地方农业转型升级的引擎，也激荡起农民脱贫致富的希望。“随着今年4月1日皖西南综合试验站的签约，我们已经形成覆盖安徽省主导农业产业的格局，力争为推动安徽现代农业农村发展和乡村振兴提供强有力的人才与技术支撑。”安徽农业大学校长夏涛说。

组建产业联盟专啃“硬骨头”

谷雨前后，正是皖中早稻播种的好时节，安徽农业大学水稻产业联盟武立权团队在庐江县郭河基地开启了新一轮攻关行动，今年种苗时采用的是“机插水稻一次性基施同步水稻全生育期氮素营养需求的精简高效施肥”关键技术，这是水稻超高产精确栽培技术体系的重要部分。

这套超高产精确栽培技术体系，是武立权在长期的生产实践中摸索出来的。多年来，安徽省水稻种植面积位列全国第六，但单产与周边省份有较大差距。搞水稻研究的武立权坐不住了，下决心要攻克这个难关。

武立权发现，主导品种不明确，主推技术不确定，机械化程度低，农机农艺脱节等问题直接导致了水稻产量不高。通过不断摸索，武立权总结出“品种稳产、技术丰产、机械增效”的思路，通过实施高产高效的精播技术、规范化和规模化育秧技术、稻田精准施肥技术等关键技术攻关，水稻产量逐年提升，从 2015 年平均亩产创造长江中下游地区麦茬水稻全程机械化高产新纪录 927.7 公斤，到 2016 年平均亩产 968.55 公斤，再到 2019 年创安徽省水稻单产新纪录亩产达 1053.7 公斤。

安徽农业大学围绕脱贫攻坚关键领域、农业转型升级核心壁垒，组建跨学科、全领域、中青年结合的攻坚团队，确保把“最硬的骨头给啃下来”。产业联盟成立后制定产业发展规划，确定每年重点推广的关键技术，指导培训经营主体转化，解决生产中的技术难题。几年来，学校依托建立在不同区域的综合试验站，与 18 个县（市、区）组建了 75 个县域农业主导产业联盟，组成一支有 350 多名科技人员的专家推广队伍，还将 360 多名基层农技人员整合到新型农技推广服务团队中，形成了一支 700 多名农业科技人员组成的“主力军”。

智力帮扶助力产业振兴

地处皖中的庐江县近年来大力发展茶产业，但茶园建设和管理水平低，适宜本地的新品种数量不多，茶类结构和名优茶品牌单一，虽然茶叶规模不断扩大，但茶产业整体效益不高。

茶学专家韦朝领从推广茶树新品种开始，在皖中试验站茶树种植资源圃试种了选育的新品系“谷雨春”。该品种芽头秀长、产量高、抗性强，制成绿茶花香明显、滋味醇，在庐江县迅速进行了推广。韦朝领又利用“谷雨春”，指导当地企业做成白云春毫茶，在世界绿茶竞选赛中获得金奖。针对当地茶产业存在的问题，韦朝领提出了综合发展思路，推广抗逆栽培、草害绿色防控等技术，经过“对症下药”，庐江县茶产业质量不断提升、效益不断增加，当地计划在两年内把茶园面积从 8 万亩发展到 10 万亩。

前几年，金寨县从外地引进的猕猴桃品种屡患溃疡病，给果农带来重大损失。2013 年，国家现代农业产业技术体系梨产业体系岗位科学家朱立武来到金寨县，针对当地猕猴桃的溃疡病流行开展技术指导：“发病的植株必须挖掉、烧毁、深埋，这是阻断病菌传播的唯一途径。”

“砍树解决不了根本问题，必须更换品种，才能彻底根除。从外地引苗风险太大，弄不清楚外地品种是否带菌。”朱立武经过多次实地调研、测试、验证，培育了猕猴桃抗溃疡病新品种“皖金”。在朱立武的指导下，当地猕猴桃产业发展到 3 万多亩，并且成立了猕猴桃产学研联盟。当地合作社建立育苗基地，自己繁育苗木。金寨县猕猴桃产业也重焕生机。

据统计，安徽农业大学在脱贫攻坚一线服务的专家全部为中级以上职称，其中高级以上职称占 80%以上，大多数为全国、全省知名专家和学科带头人。“学校把脱贫攻坚作为重大政治任务，列入年度重点工作，从体制机制、政策激励、氛围营造等方面，对脱贫攻坚工作进行谋篇布局。”安徽农业大学党委书记江春介绍，该校明确服务脱贫攻坚的“责任书”“路线图”和“时间表”，确保攻克贫困“最后一个堡垒”。同时，把服务脱贫攻坚与服务乡村振兴有机衔接。2019 年 12 月底，安徽农业大学党委书记江春牵手省内外农业上市公司、龙头企业、校友企业等 175 家单位成立了乡村振兴合作企业战略联盟，通过技术合作、资源共享、平台共建等方式，发挥服务乡村振兴战略的“高校力量”和“企业力量”，搭建一个多方合作、融合发展的大舞台。

为红色革命老区脱贫赋能

——河南工业大学助力光山县决战决胜脱贫攻坚

冯建伟　王远哲

河南省光山县的“光山十宝”特色农产品，2019年底成功走进北京，并以绿色、无公害获得消费者喜爱，该系列产品的包装设计方案还作为河南省脱贫攻坚典型项目受邀参加了2019世界工业设计大会并以简约、环保获奖。多年来一直在光山县任乡镇干部的邱学明说：“‘光山十宝’大获成功，让我们的农产品走出了大山，既赚足了面子又赚足了里子。”

2018年7月，河南工业大学与光山县开展结对帮扶，学校成立了以校党委书记、校长为组长的领导小组，设立了扶贫专项资金，在多次调研的基础上，结合光山发展实际和学校优势资源，成立了粮油和农产品加工组、电子商务组、设计提升组等多个专项技术扶贫工作组，全力开展既“扶贫”又“扶智”、既“输血”又“造血”的科技扶贫工作。

发挥产品设计专长　让特色农产品旧貌换新颜

光山县北临淮河、南依大别山，是红二十五军长征出发地，这里不仅是红色革命老区，也是国家级贫困县。虽然大山里咸麻鸭蛋、砖桥月饼、糍粑、黑猪腊肉等农特产资源丰富，但多为小作坊加工或农户分散生产，品质不稳定，品牌散而乱，包装更是五花八门，很难形成稳定的产业。

河南工业大学与光山县结对帮扶后，先后组织设计团队 200 余人（次）赴光山县调研，就土特产品包装、产品开发、乡村环境建设等方面进行多次沟通和反复研讨。摸清了家底，理清了思路，扶贫工作也就有了方向。学校充分发挥设计创新在提升产品品牌形象、产业转型升级、乡村振兴方面的作用，开展“设计光山”主题设计等一系列“设计扶贫”行动。

光山县历史文化悠久。设计提升组以光山县历史文化为背景，对当地文化和产业资源进行创造性重组，推出了“光山十宝”全新包装设计方案。方案建立了“光山十宝”“光山十小宝”“光山味道”3 个系列的光山特色农产品品牌体系，分别采用司马光砸缸、光山山水、光山县志作为主要创作素材，统一了色彩、图案、文案和版式。光山农特产穿上了时尚装，完成了产品形象升级。

目前，“光山十宝”系列特产品牌效应逐步凸显。“过去，我们的特产包装都用塑料袋和玻璃瓶，自己都觉得拿不出手。现在产品线上线下销售供不应求，真得感谢河南工业大学的产品设计团队。”老邱每每提起都喜不自胜。去年仅仅“光山十宝”和“光山羽绒”两个系列产品销售额就高达 5.2 亿元，有力带动了当地村民脱贫增收。

突出粮油食品学科优势　带动山乡产业发展

光山农作物以种植水稻为主，也是当地贫困村民脱贫致富的主要产业。粮油食品相关学科不仅是河南工业大学最具特色的重点优势学科，也是国内粮油食品领域专业设置最完整、科技实力最雄厚的学科。学校发挥学科专业优势，为当地扶贫精准把脉，实现“专业”与扶贫“无缝”对接。

鸡公潭糍粑和空心挂面都是光山县著名的特色美食，但由于传统工艺基本靠手工生产，生产没有标准，不易保存，抑制了产品的扩大生产与销售。粮油和农产品加工组成员何雅蔷老师在考察报告中写道：产品在生产过程中的关键控制点、产品质量和新产品开发等方面存在短板；成本高、收益小，影响群众增收。

粮油和农产品加工组经过一年的课题攻关，何雅蔷与同事们共同为鸡公潭糍粑制定了地方标准与规范化生产规程，攻克了鸡公潭糍粑防腐防霉技术，先后开发出 9 种系列新品，并指导当地建起鸡公潭糍粑生产基地，实现规模化生产。十里镇杨湾村唐湾小组农民刘保华原来的空心面加工作坊，受制于传统加工技艺和季节因素，始终不能形成规模，经专家老师的技术指导，改进空心挂面制作技术，实现了产量、销量双提升。刘保华把加工作坊扩建成空心面加工企业，产品产销两旺，刘保华因此获得“光山县十大杰出优秀青年”称号。

目前，河南工业大学先后与光山县相关企业签订了“大米加工精度控制与品质提升”技术开发协议、“鸡公潭糍粑产品开发技术”合作协议、“农产品加工技能培训”服务协议等产业扶贫项目和“校地结对帮扶”食用油产销合作协议、空心挂面采购协议等消费扶贫项目，持续推动县域产业发展、乡村经济转型升级。

开设电商大讲堂　借“互联网 +”实现扶贫弯道超车

电商已成为群众脱贫致富和推动乡村振兴的新兴业态。

河南工业大学电子商务扶贫组通过开设“电子商务大讲堂”、成立“电商扶贫服务中心”等系列举措，助力光山县脱贫攻坚。

2018 年 12 月 29 日，“电子商务大讲堂”在光山启动。“电子商务大讲堂”先后培训2000多名学员。同时，河南工业大学与光山县政府共同出资设立电商发展基金，建立电商扶贫服务中心，通过组织贫困人口开设网店、进入电商企业就业、兴办小型加工企业、建设种植养殖基地等办法，带动全县3500多户贫困户12631人顺利脱贫。

经过2年来的校地结对帮扶，光山县共建立电商创业孵化园、电商运营中心等7个中心，目前102家企业入驻；已建成村电商精准扶贫服务中心50个、村级服务点306个，为农户提供代买代卖、代储代缴、代收代取等便民服务。

校地牵手结出累累硕果，去年5月，光山县正式脱贫摘帽。河南工业大学党委书记张元说：“我们将继续按照习近平总书记提出的脱贫摘帽不是终点，而是新生活、新奋斗的起点的要求，依托专业优势，因地制宜对光山县山村的公共环境、乡村院落、特色产业进行整体设计，致力集打造生态、休闲、民宿、养生为一体的现代化美丽乡村。”

科技拔穷根　人才带民富

——湖南省永顺县科技扶贫工作侧记

龙　成　雷　芬　刘仕基

5月7日，大山深处的湖南省永顺县哈家村，科技特派员左松云拿着剪子，边讲解边操作示范，手把手指导贫困村民宋红星进行柑橘整枝。

据哈家村党支部书记彭楚勇介绍，全村原有柑橘品种落后、产量低、品质差，卖不上价，自科技特派员左松云驻村服务后，对症引进“乡村贡柚”新品种，帮助村民提质改造柑橘产业，目前已完成柑橘品改250亩，让柑橘产业成为村民增收致富的“金果果”。

近年来，永顺县大力推行科技扶贫行动，强化科技特派员精准高效帮扶，全覆盖、全方位、全链条服务县域脱贫产业发展，为县域脱贫攻坚注入强大“芯动能”。去年10月，在全国科技特派员制度推行20周年会议上，永顺县委组织部作为组织实施单位得到通报表扬。

在永顺县，人才助力、技术支撑，让老百姓通过产业增收致富、脱贫摘帽的梦想正逐步实现。

高效用才　精准科技服务

“五一”假期刚刚结束，永顺县科技特派员潘峰驾车来到高坪乡场坪村，操作无人机喷洒药物，对联点片区猕猴桃果林进行溃疡病统防统治。

作为高级农艺师，潘峰是猕猴桃病害防治专家，负责服务全县各大猕猴桃生产基地。今年以来，面对疫情下的生产困难，他采取分户上门、线上指导等方式，抢抓农时，及时跟进猕猴桃疫病防治，确保果农稳定保产。

针对县域技术人才匮乏，加之地域广阔，科技服务经常捉襟见肘的困境，永顺县将科技扶贫列入脱贫攻坚“十五项工程”，成立由组织部牵头，科工信、扶贫、农业、畜牧等10个职能部门为成员单位的科技扶贫作战组，在摸清脱贫一线科技需求的基础上，择优从农业、林业、畜牧、农机、卫计等部门遴选专业技术人员作为科技特派员。同时，根据产业发展需要，从企业和专业合作组织中聘请技术人员担任科技特派员。

猕猴桃是永顺县主打产业。由科技副县长、省派科技特派员彭俊彩领衔的科技团队，指导永顺县建成万亩猕猴桃生态示范园4个、冷藏库105余座，并成立猕猴桃研究所，引进新品种15个。累计举办防治溃疡病、科学施肥等猕猴桃实用技术培训3800多次，培训农民25.6万人（次），带动猕猴桃产业提质升级。

为让有限的科技人才发挥最大的人才效益，该县坚持技术专长与科技需求相契合，统筹使用省派13名、州派15名和县派190名科技特派员，设立县级科技扶贫专家服务总团及8个片区分团、23个乡镇科技服务工作站，覆盖190个贫困村、32个重点产业区域，点对点为猕猴桃、优质稻、油茶等主要产业提供技术支持。

今年以来，面对疫情影响，永顺县科技扶贫作战组根据春耕需求，及时发起“抓防疫、促春耕”决胜脱贫攻坚科技服务行动，组织190名科技特派员及农技人才在落实防疫要求的基础上，通过分组下乡、配送物资、线上指导等方式，为农户送去春耕“及时雨”。

柔性引才　助推产业升级

2020 年 1 月，中国工程院院士、著名茶学家刘仲华与永顺县人民政府就“永顺莓茶”发展签约，挂牌刘仲华院士“永顺莓茶”研发推广工作中心，通过校地合作、院士助力，为“永顺莓茶”发展“加速”。

“邓院长的到来就是一场‘及时雨’，让松柏‘优质稻 + 产业项目’发展提速提质。”松柏米业公司负责人王立斌介绍，去年经县委组织部、县总工会牵头，“松柏大米”研发团队工作室暨邓华凤劳模创新工作室在松柏米业公司正式挂牌，今年春耕以来，依托水稻专家优势，该公司大力实施“稻田＋农业”优势项目，提升优质水稻特色产业产值。

作为湖南省首批柔性引才试点县，永顺县立足县域特色产业发展需要，强化效益意识和柔性引才理念，加大专家人才引用力度，实施人才服务产业的“一站一室一办”平台建设，先后成立了姚茂君“永顺莓茶”研发专家工作室、左孝荣劳模创新工作室、王军劳模创新工作室、李双劳模创新工作室、魏大云劳模创新工作室等由权威专家或省级、国家级劳模领衔的工作室 7 个，带动产业升级、农民致富。

“专家工作室聚焦补链、强链、延链的全产业链，依托专家人才技术专长和引领作用，推动基地建设标准化、形象口碑品牌化、分级定价规范化、产品营销信息化、科研创新精深化。”永顺县委有关领导说。

用心护才　盘活人才动能

2019 年 10 月 18 日，永顺县首次科技扶贫专家惠农竞赛活动成功举办，省、州、县三级13个科技扶贫专家团队同台竞技，通过个人陈述、现场答辩、专家点评三个环节，让科技特派员在同台竞技交流中切磋技艺，既有力有效提升科技服务能力，又掀起全县科技扶贫服务新热潮。这是永顺县完善服务管理、激发人才能量的一个缩影。

该县出台支持和鼓励县选派科技特派员创新创业政策，倡导各类科技人才创新创业，领办创办企业或以技术入股、管理入股等方式获取报酬，形成利益共同体30余个。

整合资金1250余万元，保障科技扶贫工作落实落地。为每个扶贫村预算3000元科技惠农工程培训经费，按3000元/人/年的标准安排科技特派员工作经费，实行技术培训补贴激励政策，让科技特派员“传经送宝”更有干劲。

同时，通过建立青年人才党支部、科技特派员结对带徒、“长征带”教育扶贫工程等举措，培育一批留得住、有潜力、用得上的本土人才，打造“永不走”的科技服务队伍。

截至目前，全县共形成了9大农业扶贫产业，共发展各类农业产业基地112.9万亩，带动5.2万户20.5万贫困人口增收致富。在9大农业扶贫产业中，油茶和猕猴桃产业发展态势良好，形成了一定的规模效应，助力脱贫攻坚成效显著。全县共发展油茶42万亩，其中新造油茶18万亩，低产林改造24万亩，年均产茶油5000吨，实现产值6亿元，带动贫困户1.8万户7.4万人增收脱贫；发展猕猴桃11万亩，带动贫困户0.8万户3.5万人增收脱贫。

为产业扶贫插上科技翅膀

龙　成

“过去我养的几只羊都是当地的寒羊，平时随便喂喂，羔子长几个月就卖给羊贩子了，每只羊赚个二三百元，一年下来也就收入3000元左右。”甘肃省庆阳市镇原县殷家城乡桑树洼村贫困户白正生说，自从养了中盛华美的10只扶贫羊后，羔子的质量越来越好，现在的羊长得快、得病少，到出栏时间中盛就直接回收了，不但销路有保障，价格也好，一只羊最少能赚四五百元。

优质种羊的效益日益凸显

白正生口中的中盛是指甘肃中盛华美羊产业发展有限公司（以下简称“中盛华美”），现为国内最大的湖羊养殖企业，作为甘肃省庆阳市引进的农业产业化重点龙头企业，肩负着全市肉羊产业扶贫特别是助推深度贫困县脱贫攻坚的重任。

该市镇原县兰宸养殖专业合作联社文洼基地目前存栏羊1611只，其中基础母羊1230只，羔羊381只，带动贫困户171户。以前贫困户分散养殖时，不懂技术，不懂管理，养羊效益一直不高。中盛华美接管后，在种公羊使用、分阶段饲喂、羊的繁殖管理等方面采取了很多改进措施，现在养殖户除每年20万元的固定资产分红外，还能参加多次养殖收益分红，户均增收5000元以上。同时，入股合作社的贫困户每年至少种植 3 亩饲草或流转 3 亩以上土地用于合作社种草，然后合作社以保底价收草。对有劳动力的贫困户，合作社还可以提供有偿劳动岗位并支付报酬。

“贫困户张志科、杨丽芳夫妇俩都在该合作社务工，年工资收入 6.72 万元，种草收入 3600 元，入股合作社分红 1200 元，年收入超过 7 万元，比自己养羊时的收入翻了一番还多。”甘肃庆阳镇原县肉羊产业推进办公室副主任李民信说，中盛华美提供的优质种羊和技术完全解决了之前贫困户自主经营下种羊性能不高、肉羊营养搭配不科学、生产管理混乱和养殖效益低的问题。现在，合作社的肉羊“住得好、吃得饱、吃得好”，肉羊生产潜力逐渐显现，养羊效益得到提高，贫困户的收入也有了保障。

如今，白正生养的羊已经有 27 只了，按照现在的行情，今年的收入也能超过 5 万元。

地处陇东的庆阳是革命老区，也是甘肃脱贫攻坚的主战场，越来越多像白正生一样的贫困户在中盛华美的带动下，正在逐渐实现脱贫致富。“优质种羊”“肉羊繁殖”“合作社管理”等羊产业链上关键词，已经成为中盛华美的扶贫利器，也是贫困户实现养羊脱贫的法宝。而在这背后，是中国农业科学院北京畜牧兽医研究所（以下简称“牧医所”）多年来对肉羊产业的强大科技支撑，造就了中盛华美一流的种羊和技术，成就了中盛华美的羊业扶贫，让更多的贫困户通过养羊实现了脱贫致富。

肉羊生产潜力不断释放

中国农科院牧医所于 2019 年正式启动甘肃陇东地区科技扶贫帮扶任务，但早在 2016 年牧医所就超前谋划，布局科技扶贫。2016 年至2017年，牧医所派出党员科研人员在庆阳市农科院开展科技帮扶；2018年至2019年，牧医所两个党支部充分发挥党建引领作用，先后在庆阳和平凉贫困村开展支部共建，以科技助力产业扶贫。2018年10月，牧医所与中盛华美签署肉羊育种与生产技术合作协议，通过研发和转化肉羊高效育种与养殖技术，建立“高大上”扶贫模式（高新技术+大企业带动贫困户收入上台阶），依托中盛华美助力庆阳羊业脱贫攻坚。

中盛华美虽然湖羊饲养体量大，但建场时间较短，许多工作都在摸索和探索中，尤其是一些核心技术更是面临规模化的压力和挑战。如何优化核心群结构、提高核心群质量？如何规范种羊系谱与数据采集？如何平衡生长速度与养殖成本之间的关系？如何正确评估母羊的高繁性状？如何评价生物安全在养殖过程中发挥的作用？如何开展繁殖、营养、疫病、福利与育种之间的协同研究？这一系列问题都蕴含着多项科学技术与成果，综合影响肉羊育种效果，只有发挥党建引领，深入一线，不断实践，才能总结出一套切实可行的湖羊高效养殖模式。

自技术合作协议签订以来，该项目负责人张莉研究员带领她的团队，扎根中盛华美，致力肉羊育种，通过制定湖羊选育方案、研发育种技术、规范生产管理、开展技术培训等手段，不断提高核心群种羊质量，为场内良种繁育体系建设和扶贫工作提供了坚实的技术基础。三年来，张莉研究员多次往返中盛华美指导场内育种工作，同时坚持研究生长期驻场实验的培养方式，产学研结合，做实做细羊场的各项基础工作。通过技术团队的努力，依托牧医所科研平台，中盛华美的种羊登记、生产性能测定、种羊繁殖管理、生物安全防控、羊场信息化管理、协同育种等基础工作有了明显的提升。

曾先后三次带队赴中盛华美检查指导肉羊扶贫工作的牧医所所长

秦玉昌说："牧医所党委高度重视羊业科技扶贫工作，作为农业科研国家队、畜牧行业的排头兵，我们的科研人员一直走在科技扶贫的路上。"

实用技术保障可持续增收

在牧医所和张莉研究员团队的指导下，中盛华美于2019年获批国家肉羊核心育种场，并于同年组建了中盛华美技术信息中心，同时，作为牧医所的科研合作与示范基地，中盛华美还承担了农业农村部政府购买项目"农牧交错带牛羊牧繁农育关键技术集成示范"。通过双方技术合作，牧医所的科研成果在中盛华美得到转移转化，而中盛华美的企业科技创新能力得到迅速提升，尤其是肉羊自主制种能力和标准化生产能力的提高，直接决定了中盛华美的扶贫能力与扶贫成效。目前，中盛华美正在实施农业农村部种业提升工程"国家肉羊性能测定站"建设项目，下一步，牧医所专家团队还将以该测定站为依托，在种羊生产性能测定方面下功夫，以性能测定技术规范、种羊遗传评估为抓手，开展技术集成、示范和培训，进一步提升中盛华美的种羊性能和市场竞争力，为贫困养殖户提供源源不断的优质种羊和实用技术，实现可持续增收致富。

"脱贫攻坚主战场在哪里，中国农业科学院的专家团队就在哪里"，这是中国农业科学院院长唐华俊对全院科技扶贫工作者提出的要求，在决战决胜脱贫攻坚关键时期，牧医所专家团队将一如既往地为扶贫地区送技术、出主意、做示范，为产业扶贫提供强有力的科技支撑。

科技支撑强产业　支部结对保长远

——中国热科院品资所科技帮扶海南省白沙县拥处村

操　戈　邓卫哲

两年多来，在中国热带农业科学院热带作物品种资源研究所（以下简称“中国热科院品资所”）精准帮扶下，海南省白沙黎族自治县青松乡拥处村顺利实现全村脱贫出列，没有一户贫困户，村民人均收入从 4500 多元增加到 7400 多元。

拥处村是海南典型的黎族村落，地处海南省中西部山区，距白沙县城 54 公里，交通极不便利。村里林多地少，除少量山兰稻外，橡胶和益智是村民的主要收入来源。由于胶价持续低迷，中国热科院品资所结对帮扶前，村民缺乏有效增收产业。

根据 2014 年底的统计，拥处村全村建档立卡贫困户 198 户 836 人，贫困发生率为 55.6%，远高于当时全省 8.5% 的平均水平，是名副其实的深度贫困村。

2017 年底起，中国热科院品资所开始对拥处村进行定点精准扶贫，连续选派三名科技人员担任第一书记和科技副镇长开展驻村扶贫，帮助村里强党建、谋产业、固民生。经过两年多努力，拥处村形成了以党建引领各项事业，以科技助推产业提质增效，以传统农耕文化旅游带动产业升级的良好发展态势。

党建引领民心齐

基层组织老龄化严重，缺乏领头羊，是制约拥处村发展的主要原因之一。2017 年底，中国热科院品资所时任驻村第一书记黄海杰到村里做的第一件事，就是选优配强村“两委”班子，吸引年轻人回村干事。

为了摸清村情民情，说服村里有能力的年轻人参加村委会竞选，黄海杰一到晚上就自己带上肉菜，到村民家做饭吃，饭后便叫大伙儿到村委会院子里喝茶乘凉。经过一个多月推心置腹的交流引导，新一届村“两委”班子增加了不少年轻人。

在中国热科院品资所两任第一书记的引导监督下，拥处村将党建工作融入贫困识别、低保评议、环境卫生、危房改造、基建工程和产业发展、农技培训等工作中。拥处村党支部也成为白沙县荣获“五星党支部”次数最多的行政村。

2020 年 5 月，为进一步巩固驻村帮扶成果，确保产业发展持续稳定，中国热科院品资所决定让该所南药研究室党支部与拥处村党支部建立结对联系点。

据中国热科院品资所党委书记王家保介绍，从 2017 年底帮扶开始，所里就想着怎么将科技服务“三农”做扎实，提出要理顺帮扶责任，建立长期服务关系。

为此，中国热科院品资所提出，让南药研究室党支部与拥处村党支部建立结对帮扶联系点。品资所将党支部都建立在科研一线，专门出台了各党支部在基层建立长期联系点的管理办法，明确了保障机制和激励方式，来保障科技服务产业、服务基层。

王家保说，以前基层支部做工作没有抓手，现在明确了支部的工作方向，以应用研究为主的南药、蔬菜、草业等支部有了真正施展才干的地方。无论机构人员怎么变，两个党支部是不会变的，有了组织保证，才能把产业做实。

王家保坦言，有了党支部长期结对的联系，即便今后没有了派驻驻村干部的制度，村里遇到产业发展问题，也能随时找到科研人员来解决；品资所研发出的新品种、新技术能够第一时间告知村里，快速落地示范。此举充分发挥党组织在脱贫攻坚和乡村振兴中的战斗堡垒作用，让科技在产业发展中起到支撑、引领作用。

科技支撑产业兴

脱贫攻坚离不开产业支撑。拥处村有 7300 多亩橡胶林，但由于胶价多年低迷，再加上管理粗放、产量较低，村民弃割弃管现象普遍，增收乏力。从长远来看，林下经济是出路。

为此，中国热科院品资所扶贫专家组深入调研，根据拥处村山多地少的资源特点，提出了“橡胶保收、山兰增收、益智创收”的发展思路，并组织专家定期开展各项技能培训。

拥处村是海南最大的山兰稻种植区，由于品种老化，每亩产量只有 200 多斤。中国热科院品资所发挥科研和种质资源优势，先后引进 26 个山兰稻品种在村里试种，最后筛选出 2 个抗倒伏和性状较好的品种，每亩提高产量近 15%。

同时，驻村挂职科技人员们还为拥处村山兰稻注册了“青香谷”农产品商标，建起了拥有 QS 食品安全认证的碾米厂，通过统一包装设计，对外销售山兰稻、山兰酒、益智等特色农产品。2018 年初，“青香谷”山兰稻荣获白沙县“十大特产”称号；通过组织对接电商企业以每斤稻谷 6 元钱进行保底收购，全村 600 亩山兰稻每年可为村里增收近

30 万元。

拥处村村民虽早有林下套种益智的传统，但因缺乏育苗技术，每年只能上山挖野生益智苗或等待政府免费发放种苗来维持生产，产量无法保障。

“年年发种苗，不如教会村民育苗。”据现任驻村第一书记王凯介绍，在热科院引导下，村里成立了仙婆岭种养专业合作社，并捐赠南药研究室培育的“琼中 1 号”“琼中 2 号”益智良种 2000 株，教会社员育苗技术和砍枝盖头、保水保肥等高效栽培管理技术，良种配良技，解决了制约产业长远发展的瓶颈。

拥处村党支部副书记吉亚才算了笔账，益智 3 年就可采收，在热科院专家指导下，每亩干果产量从 80 多斤增加到 130 多斤，按目前每斤 13 元计算，一亩能挣 1600 多元，前两年价钱好的时候每亩可增收

热科院品资所南药研究室助理研究员王清隆（左一）和驻村第一书记王凯（左二）正在进行益智栽培管理技术指导

5000多元。全村1000亩的益智，就是在行情低迷的时候，每年也能增收近20万元。

中国热科院品资所南药研究室助理研究员王清隆称，益智为丛生作物，林下占用空间较小，还能适量套种海南砂仁，3年开花结果，亩产干果120斤，药材市场一斤卖到300多元，亩产值可达3万元。

在林下经济方面，中国热科院品资所还利用当地特有的木薯茎秆做基质，培训指导村民林下套种平菇400多袋。由于原料是就地取材，成本较低，当地菜市场零售价6元钱一斤的平菇，可为村民增收3000多元。下一步将引导村民扩大种植规模。

拥处村处于海南中部生态核心区，耕地资源有限，必须结合资源优势做特色，以优以精取胜，为此中国热科院品资所又选择了火龙果和精品西瓜作为重点发展产业培育。

中国热科院品资所研究员党选民介绍，白沙地处山区，昼夜温差大，夏季最高温度又相对较低，非常适宜种植大棚精品西瓜，经过多次实地考察，指导村民先做几亩示范大棚，摸索种植技术。

同时，中国热科院品资所还充分挖掘拥处村的黎族传统农耕文化和绿色生态资源，联合政府和社会力量举办“啦奥门”庆丰收山兰文化节。依托当地特有的长桌宴、黎族服装秀、竹竿舞、对酒歌等黎族民俗，每年都能吸引近千名游客参加，村民自家的土特产也成了抢手货。

扶贫更要扶“技”

文洪瑛　李　倩

近年来，江西省蜂产业技术体系积极对接全省十多个贫困县，为蜜蜂产业扶贫提供技术支撑，促进全省蜂群数量从 62 万群增加至 75 万群，1 万多户养蜂户成功脱贫，蜂蜜年产量居全国前 8 位，综合产值达 115 亿元。小小的蜜蜂，为蜂农打开了一条精准脱贫的新路子。

进村入户授技术　扶贫要从“扶技”起

江西这片红色圣地，拥有 63.1%的森林覆盖率、1000 多万公顷森林和 5000 多万亩蜜源农作物。结合江西山区蜜源和养蜂业投入小、见效快，不与农业生产争肥争地的优势，江西省蜂产业技术体系着力将养蜂业作为贫困山区精准扶贫的特色产业。近两年来，共计开展养蜂技术培训班 40 余期，培训蜂农 5000 多人次，赠送扶贫物资价值达 6 万余元，辐射带动蜂群 1 万群。建立“江西蜂业人”微信群，对蜂农进行实时在线科技咨询答疑，尤其在今年春繁重要阶段和新冠肺炎防疫防控重要阶段，对 400 多名蜂业技术骨干进行线上指导和服务，为今年全省蜂业的健康快速发展发挥了良好的支撑作用。

蜂业技术人员通过培训咨询、进村入户，把先进、适用的蜂业科学技术传授给蜂农，提高了养蜂者的养蜂技术水平，增强了农民养蜂脱贫致富的信心，帮助贫困户户均增收 1 万元以上。2019 年荣获“全国科技助力精准扶贫先进团队”。

常驻扶贫点助力扶贫成效显著。2019年以来，蜂产业技术体系与井冈山东上乡贫困户建立了长期的技术帮扶，定期到蜂场进行指导、针对存在的问题举办专题培训班，提升贫困户的养蜂技能、蜂蜜产量品质和贫困户的收入水平，形成了“政府+科研单位+合作社+农户”的精准扶贫模式，辐射带动9个村集体和80户贫困户增收，实现经济增收600多万元。

鄱阳县枧田街乡大源村贫困户王普育，在一次交通事故中造成二级伤残，家里因病致贫。不仅失去了劳动能力，更失去了生活的信心。四年来，在省农业农村厅畜牧兽医局养蜂精准扶贫项目的帮助下，他领了10箱蜂，一路扩大到160箱，年收入10余万元。如今，他本人不仅彻底脱贫，还成了村里有名的致富带头人。王普育激动地说：“真是感谢党和国家的好政策，多亏了养蜂技术帮扶，不然我这辈子就废了！”

年近六十的老科技工作者杨柳副所长，一年365天，有200多天奔波在崎岖难行的山路上，30多年来帮助上万名贫困户脱贫致富。在蜂农眼里，他不仅是养蜂专业的行家里手，更像是无微不至为蜂农们排忧解困的亲人。“我们是科研人员又是党员，就得在蜂农的每一件小事上上心、在蜂农的每一件难事上用心，才能对得起国家的培养和蜂农们的信任。”

良种与抗病结合　促进产业提质增效

产业兴旺是乡村振兴的重要基石，优质良种是产业兴旺的基础保障。江西省蜂产业技术体系积极承担起江西省“蜜蜂良种场建设”项目，组建了由养蜂博士、硕士为主要骨干的高素质团队，倾其全力、攻坚克难，克服了2019上半年多雨寡晴的恶劣天气，保证了1.3万只优质蜂王的繁育和推广的工作，蜂农们争相购买，蜂王一度供不应求，促进蜂农增收达900多万元。

针对号称蜜蜂“癌症”的中蜂囊状幼虫病，科研团队开展全省范围的情况调查，研制新型防治药物取得突破，获得国家发明专利，成果达到国内领先水平。2019年，帮助井冈山市东上乡浆山村挽回了近10万元的经济损失，保证了流蜜期的增产增收。

打造品牌　促进乡村振兴

历时三年的试验和改进，在井冈山市、武宁县试点推广的中蜂高浓度成熟蜜生产技术成效喜人。41.0° Bé 以上的优质成熟蜜，让曾经20元/斤难以销售的山乌桕蜜变成60元/斤供不应求。产品分获2019年江西省中蜂蜜品质大赛“优质奖”和“金奖”，得到行业专家的高度认可。

为推动蜂业品牌发展，2019年蜂产业技术体系首次举办全省蜂蜜品质大赛，通过对全省38个县81个样品的严格检测、评审，首届全省中蜂蜂蜜大赛共评出金奖3个、银奖3个和优质奖4个，并在第十七届中国国际农产品交易会暨首届江西“生态鄱阳湖　绿色农产品”博览会参展，进一步推动全省蜂产品优质化、品牌化、标准化发展。

“积力之所举，则无不胜也。众智之所为，则无不成也。”如今，养蜂攻坚脱贫事业，辐射带动了全省15个示范基地县发展，全省富民强县工程养蜂科技特派团7个小分队为全省3万蜂农送去“技术大礼包”，助力井冈山市、瑞金市、上饶市等的10多个国贫县成功脱贫摘帽，1万多户贫困户尝到养蜂致富的“甜头”。

遍身罗绮养蚕人

——辽宁省农科院蚕科所科技助力岫岩县脱贫

于险峰　张仁军

7月初以来，辽宁岫岩地区的春蚕陆续收茧，今年虽然受到新冠肺炎疫情及倒春寒的影响，但在辽宁省农科院蚕科所（以下简称“蚕科所”）的及时预警与指导下，蚕农喜获丰收，“遍身罗绮者，不是养蚕人”已成为历史。

岫岩满族自治县位于辽东半岛的北部，放养柞蚕已有280多年的历史，被誉为“中国柞蚕第一县”，也是辽宁省的扶贫开发重点县。柞蚕生产是岫岩县农民的重要经济来源，柞蚕收入占农民总收入的25%以上，蚕业科技的运用，提升了养殖效率，提高了产品质量，对增加蚕农收入起到了重要推动作用。

联学联建　党建引领促脱贫

今年初，蚕科所就和岫岩县杨家堡镇松树秧村党支部举行了“携手初心、联学联建”的活动。活动上，蚕科所副所长吴迪、陈增良等专家就如何开展“联学联建”促发展、促振兴等问题和村党支部进行讨论与交流。

吴迪说，开展好“联学联建、结对共建”，联学是基础，联建是关键，结对是手段，提高是根本，壮大是目的。在“联学联建”的过程

辽宁省农科院蚕科所技术人员在山上察看柞蚕生长情况

中，双方要进行优势互补、互学互帮、共同提高、创新发展，把党建优势转化为工作优势。

会后蚕科所专家到建档立卡贫困户孙家义的柞园进行现场技术指导。孙家义家的春蚕种茧已经预销售100千粒，除去3万元左右的成本，孙家义今春依靠放养春蚕可获纯收入近4万元。

松树秧村村支书柏树海介绍："村里的贫困户还有10户20人，放养柞蚕是我们村的重要收入来源，目前放养面积达到1.3万亩，有300多户村民放养。以前养得比较粗放收益不高，多亏了蚕科所的帮助，解决了技术难题，今年至少每亩增加收入100多元。"

来到孙家义家里时，正遇到收购商在他家收蚕，孙家义说："过去用老方法养蚕效益较低，去年还赔了8000元，今年蚕科所为我们免费提供了蚕种、蚕药、小蚕保护育袋，所里的专家经常过来指导，教我养蚕新技术。放了140亩的蚕，收茧八九十千粒，蚕科所还帮着联系销售，1千粒茧能卖900元。"

孙家义的妻子刘淑兰在2005年因患脑积水做过开颅手术，至今体内仍有插管，膝部风湿骨痛，严重时正常行走困难。面对困难她仍很乐观："现在国家政策好，没有党和政府的支持我的命早就没了，我们不能啥都指着国家，还得自己干点，能动就动。"

辽宁省农科院院长隋国民说："为着力破解党建和业务'两张皮'问题，辽宁省农科院持续深化'联学联建'工作，充分发挥院属各级党组织和党员的战斗堡垒和先锋模范作用，全面提高党建质量和水平，为决胜全面建成小康社会和决战脱贫攻坚，加快推进新时代辽宁全面振兴提供坚强的思想保障和组织保障。"

科技扶贫　特色产业富蚕农

据悉，2016 年辽宁省在制定产业精准脱贫规划时，将柞蚕产业列入 16 个精准扶贫产业之一。2019 年辽宁省科技厅以蚕科所为技术依托，成立了岫岩县柞蚕省级科技特派团。

纪洪财是洋河镇关家堡村的养蚕户，今年的"保护育袋"起了大作用："特派团提供的纸塑复合小蚕保护育袋起了很大作用，改进了原来用的普通塑料袋技术，复合保护育袋防冻防寒，中午能防热遮阴凉，还能有效防止蚕被除草剂药死；村里的付玉利家也养蚕，看我家用的套袋技术好，他说也要用这个新技术。"

据介绍，2019 年以来，科技特派团团长陈增良与农业农村部研究员宋策等专家多次深入到各乡镇开展技术培训及现场技术指导，到岫岩县河北村开展柞蚕放养技术精准科技扶贫活动，为河北村免费发放蚕药 10 箱、黑广肩步甲引诱剂诱芯 3000 枚及配套步甲诱捕器 1500 套，从技术上帮助河北村养蚕贫困户通过柞蚕产业脱贫致富。

相关专家说，由于黑广肩步甲严重影响柞蚕生产，特派团采用信息素引诱剂与配套诱捕装置相结合，在黑广肩步甲发生区内采取大量诱捕方式对种群密度进行干预调控，诱捕率达到75%左右，提高柞蚕茧产量15%以上。

岫岩县科技局有关负责人介绍，现如今科技特派团在岫岩县建立新品种、新技术示范基地6个，示范面积2.3万亩，推广面积50万亩；数据表明，示范基地内农药残留降低了20%，产茧量及经济效益增加15%以上；按每把柞蚕平均增加收入6000元计算，项目辐射带动面积100万亩，养蚕农户直接经济收入增加近1亿元。

“通过推广示范应用柞蚕放养及病虫害防控新技术，可有效降低病虫的为害率，提高柞蚕茧产品产量与品质；并且有效减免柞园内化学农药的施用，大幅降低环境污染，维护了柞园生态系统内的物种多样性与生态平衡，保护了广大蚕农的身体健康。”陈增良说。

振兴乡村　柞蚕产业多维化

蚕科所2019年开始实施岫岩县朝阳镇暖泉村乡村振兴科技引领示范基地建设项目，同时整合农业农村部、辽宁省科技厅、农科院等项目资金，今年又在朝阳镇沟门村、大岭村分别建立了示范基地。

柞蚕生产历来是暖泉村民收入的支柱产业，村里有柞蚕场面积1.03万亩，240户农户从事柞蚕生产，平均村里柞蚕年收入约在550万元。由于柞蚕幼虫生长阶段是在野外自然环境中完成，柞蚕难免会受到自然气候、病虫害的侵袭，导致柞蚕茧严重减产甚至绝收，严重影响柞蚕生产。

蚕科所根据暖泉村的实际情况，因地制宜提出并建立“多维立体柞蚕产业”发展新模式，示范推广适于暖泉村及周边的柞蚕新品种、柞蚕病虫害防治、生态柞园建设及柞蚕资源循环综合利用新技术，在柞树上利用柞叶生态放养柞蚕，在地面利用柞园轮伐枝条开展食用菌养殖、在地下利用食用菌养殖后废弃的菌棒开展蚯蚓养殖。

“原来我就是在山上放蚕，今年 4 月份建了 7 个蘑菇棚主要种植香菇，利用放蚕后柞树剪下来的枝条做成菌棒，节约了生产成本；前阵子蚕科所找来的蘑菇专家来村里察看种植情况，说我家棚里的菌棒摆放太密了，我们根据专家意见调整之后，蘑菇长得好、形也正，卖价从原来只能卖 1 元多涨到 3 元多钱。”岫岩县朝阳镇沟门村的徐凤龙尝到了种蘑菇的甜头。

“废弃的菌棒又被用来养殖蚯蚓。”沟门村村支书高云介绍说，“将菌棒粉碎后与牛粪拌在一起养蚯蚓，蚯蚓卖了留下的蚯蚓粪是最好的有机肥，又可以用来种中药材，我们试种了苍术，从山上放蚕到地上种菇、地下养蚯蚓再到山上种中药材形成循环农业。”

沟门村新建了 200 栋蘑菇棚，朝阳镇政府相关负责人李晓东介绍，开展食用菌及蚯蚓养殖技术示范推广，进一步拉长柞蚕产业链，提高了产业附加值。

“示范基地的建设，充分地发挥了我们在柞蚕新品种、柞蚕病虫害防控、柞园生态建设及轻简高效放养等方面的技术优势，建立了柞园生物资源高效生态循环利用模式。”蚕科所有关负责人说。

太行挂“金果” 群众奔小康

——河北省内丘县“富岗苹果”精准扶贫模式探访

李　杰　翟　丽　霍卫国

盛夏时节，河北省内丘县岗底村漫山遍野的苹果树开始挂果，一颗颗核桃大小的青苹果挂满枝头。去年6月5日，岗底村果农杨双奎带领着四五个农民，在自家的果园里给苹果套袋，一个个小苹果穿上了“外衣”，点缀在枝繁叶茂的果树枝头。在岗底村的后山上、河滩里，成片的果园到处是一派繁忙的劳作景象。

果农在收获苹果

“岗底，是河北农业大学教授李保国生前亲手扶持起来的靠治山脱贫致富的先进典型村。”杨双奎介绍，岗底地处太行山深山区，被誉为“中华名果”的“富岗”苹果，曾经1个苹果能卖到100元。多年来，该村通过科技治山，发展林果业，组建河北富岗食品有限公司（以下简称“富岗公司”），走出了一条依靠科技、依托市场、品牌化运作，集生态、经济、社会三大效益协同发展的路子。

从20世纪80年代至今，该村人均收入从80元增加到3.9万元，富岗公司的固定资产由2676万元增加到1亿多元，并扶持带动2万多农民脱贫增收致富。该村果农被人们称为有票子、有房子、有车子、有技术、有产业、有面子的“六有”新农民。同时，建立了以“公司＋标准＋基地＋农户”“协会＋农户”的生产经营模式，发展“连锁基地”建设，直接带动周边10余个贫困村的贫困农户脱贫致富。岗底先后获得“全国造林绿化千佳村”“全国农业旅游示范区”“中国特色村”“全国先进基层党组织”“国家农业标准化示范区”等荣誉称号。

“科技财神”请进来　千亩荒山变“金山”

岗底是个只有169户569人的小山村。过去，这里山秃、人穷、观念旧，年人均收入80元左右，世世代代的乡亲们尝尽了贫困落后的苦头。

“1996年9月，村里请来了被称为‘科技财神’的河北农业大学教授李保国，从此这个贫困的小山村发生了翻天覆地变化。”岗底村党总支书记杨双牛说：“当年，李保国把‘家’搬到了岗底村，把课堂搬到了田间地头，全身心地传授林果生产实用技术。”

在李保国的帮助下，将分到一家一户的荒山收归集体，由集体对山、水、林、田、路进行顶层规划，综合开发。经过10年努力，全村治理了“三沟两峪一面坡”，栽植苹果、核桃、板栗等8000亩。实行“五分一统”，即分户专业承包、分散经营管理、分类技术指导、分清权力责任、分级独立核算，统一品牌销售，这样既有效激发了农户的积极性和责任心，又增加了抗风险性，培育出“富岗1号”“富岗2号”“富岗3号”等优良苹果品种，并梳理出“128道生产工序”为核心的无公害绿色食品生产管理措施，保证了果品质量。

过硬的果品质量，得到了市场的高度认可，“富岗”牌苹果一时蜚声全国，畅销北京、天津、山东、广东等十几个省市。特级果每斤卖到十几元还供不应求，一个极品果卖到100元。“富岗”牌苹果先后荣获河北省名牌产品、河北省著名商标、2008奥运专供产品、国家地理标志保护产品、中国驰名商标等荣誉。

据了解，近年来，该村山坡上栽满了优质苹果树，林木覆盖率达90%以上，全村农民实现了脱贫，去年人均收入达3.9万元，其中仅果品收入就达3万元，岗底一举成为远近闻名的富裕山村。

创建连锁基地 拓展产业扶贫空间

李保国生前曾提出建设“太行山生态大花园”想法，以岗底村所在的侯家庄乡为中心，辐射周边村镇乃至冀中南太行山地区种植优质苹果，建立优质苹果连锁基地，带动更多的群众脱贫致富奔小康。

按照李保国的设想，近年来，富岗公司大力推进苹果“连锁基地”建设，不断拓展产业扶贫的空间。首先，以“公司+基地+农户”经营模式，在岗底周边的13个贫困村建立4000亩富岗苹果种植基地，吸纳1340个贫困户入股，并与贫困户签订了《入股分红协议》，大力推进绿色优质果品的产业化体系建设，严格落实富岗苹果技术标准，定期派技术员为农户指导苹果种植技术。预计5年后，苹果基地每年总产值可达8000万元以上，纯收入6000万元以上，促使贫困户户均增收3万元以上，实现稳定脱贫。

富岗公司把苹果种植项目建设作为发展的重要拉动力，以市场为导向，强化产品质量，调整产业产品结构，走多元化发展之路，带动扶贫人口稳定脱贫增收。目前，富岗苹果连锁基地已拓展到河北、山西两个省的11个县市，辐射承德、行唐、赞皇、内丘、邢台、沙河等19个乡镇371个行政村，建成了冀中南太行山区优质苹果生产带，基地面积达到5.8万亩，优质果产量达9000万公斤，使2万多果农人均年增收2700元。许多在贫瘠山沟“刨食”的农民靠种植优质苹果甩掉了“穷帽子”。

培育新型职业农民　果农“持证上岗”

科技扶贫是打赢扶贫攻坚的一把“金钥匙”。当年，李保国教授无私地把种植技术传授给广大果农，带领岗底村走上了科技致富路。如今，富岗公司也千方百计把科技这把“金钥匙”传下去，它把富岗苹果128道生产工序编成128个通俗易懂的科普故事，向社会免费发放。广大果农自觉不自觉对照检查，修正错误，使果品产量、质量明显提高。

2009年，该村借助邢台市农业学校“送教下乡”的机会，送果农上了中专班，208名18至55岁的农民进行技能培训，其中191名村民分别获得原农业部、人力资源和社会保障部颁发的果树初、中级工证书，该村成为全国第一个“持证下田”的村庄。

富岗公司成立了富岗果树研究与开发中心，把有技术职称的农民组织起来，成立了“李保国128技术服务队”，精心设计了高档、独特、新颖的苹果包装，大大提升了产品的档次和附加值。针对消费者关注的食品安全问题，富岗公司建立了国内第一个苹果类的食品安全追溯系统，消费者可根据苹果上所贴的三个标签码，在富岗公司网站上查询到苹果在生产、物流、销售各个环节中 59 项安全信息，真正做到了从果园到餐桌的全程绿色监控，在消费者心目中形成了“吃富岗苹果，就是吃营养、吃绿色、吃健康”的共识。2000 年以来，富岗苹果连续通过绿色食品认证，荣获“中华名果”称号，被确定为北京奥运会专供果品。

同时，拓宽果品销售渠道，实施“一个窗口”销售策略。一方面，该村投资 1000 多万元建设 4000 吨“气调”冷库，使消费者一年四季都能吃上品质一样的富岗苹果。另一方面，不通过经销商推销，而是由公司设立专卖店独家经营，在北京、深圳等 10 多个大中城市建立了 30 多家富岗产品专卖店。再一方面，积极发展电子商务，开通了“阿里巴巴网”和“淘宝网”网上商城，把专卖店设在 5 亿网民的家门口，将优质的富岗系列产品销往全国各地，保证了果农（尤其是保证贫困群众）卖得出去，而且是“优质高价卖出去”。

创新模式篇

筑牢产业扶贫的堤坝

——海南省全力消除疫情对脱贫攻坚的影响

操　戈　邓卫哲

分拣、扎捆、打包、装车，20多名村民经过几个小时的分班轮倒，2月27日下午，满载18吨40万株富贵竹和红朱蕉的卡车从海南省海口市美兰区大致坡镇咸来村花卉种植基地顺利发车，开往江苏沭阳。

“这车花卉运出后，全村32户贫困户种植的118亩富贵竹全部卖完，且价格跟春节前持平。”咸来村乡村振兴工作队队长程亮说。

咸来村村民在花卉合作社分拣打包红朱蕉

新冠肺炎疫情发生后，海南省提出“五级书记”防疫情。1月27日正月初五，像程亮一样，海南全省2758支乡村振兴工作队、8000多名队员全部提前结束假期，回村开展疫情防控和生产指导。

2月7日，海南省打赢脱贫攻坚战指挥部第一时间召开会议，明确提出要持续巩固脱贫成果，做到战“疫”战“贫”两不误。2月10日，及时出台《海南省抗疫情保增收防返贫十五条措施》，通过助力销售贫困户农产品、帮助贫困劳动力就地就近就业等举措，全力消除疫情对脱贫攻坚的影响。

贫困户产多少收多少

富贵竹和红朱蕉是海口市美兰区大致坡镇的特色优势产业，在当地已有20多年种植历史，种植面积超1万亩。依托这一产业基础，2016年起，大致坡镇政府大力引导贫困户种植富贵竹和红朱蕉，并提供种苗和苗圃棚进行扶持。

为确保贫困户销售顺畅、产业稳定，咸来村乡村振兴工作队主动联系当地产销大户，联合村里151户种植户成立海口贤来富贵竹花卉种植农民专业合作社，其中包括村里的32户贫困户，抱团种植富贵竹、红朱蕉3320亩，辐射带动近万亩，年产值约5000万元。

“除了提供日常生产技术指导外，合作社还坚持优先优价收购贫困户的产品。”海口贤来富贵竹花卉种植农民产业合作社理事长罗秋平称，富贵竹每亩种植约2.5万株，管理到位的话，一次种下可连续收割10年，一年收获两茬，每亩年收益在7000元以上。

每年12月到次年5月是富贵竹和红朱蕉的销售旺季。罗秋平说：“尤其是春节前后这一个多月，合作社每天发货近300万株。今年受疫情影响，流通受阻、实体店铺关门，一直推迟到2月14才发出年后第一车货，产品滞销了半个月。”

富贵竹属叶类花卉，虽然不像瓜果蔬菜那样不及时采收就会烂在地里，但如果较晚收割，也会影响其商品价值。罗秋平说，收割晚了，一是部分富贵竹叶片容易发黄，无法销售；二是由于生长期过长，不少富贵竹头重脚轻、长得过高，出现倒伏或顶棚现象，商品率降低；而最关键的是，由于富贵竹生长期固定，今年不能及时采收，会影响明年的上市时间，进而错过明年的销售旺季，可能会对价格有影响。

为此，驻村乡村振兴工作队指导合作社及时调整策略，并联系海口市农业、商务等相关部门积极协调对接拼多多等电商销售平台，在线下销售受阻的情况下，加大线上平台销售量，目前合作社平均每天线上销量超过 40 万株，有效畅通了销路。

“贫困户产多少收多少，确保一支不落。”程亮说，恢复流通后，工作队与合作社第一时间组织人员上门对贫困户的生产情况逐个核查，100% 收购贫困户种植的富贵竹等花卉产品，价格基本维持在春节前水平。

按照目前的销售价格，富贵竹按大、中、小分级，10 株一扎，每扎田头收购价分别为 4.8 元、3.8 元和 2.8 元。当天前来送货的咸来村委会美桐村贫困户冯学明笑着说，自己种植的 6 亩富贵竹已全部卖完，按平均每亩 2000 扎、每扎 3.8 元计算，也有 4 万多元的产值。早在 2018 年，冯学明和村里的其他贫困户在合作社的带动下，已全部脱贫。

据程亮介绍，疫情发生后，为了促进农产品销售，海南省政府出台了冬季瓜果菜运销补贴政策，但花卉没有列入其中。为了鼓励花卉产销合作社加大采购运销量，大致坡镇政府近期正在研究相关路费补贴政策，确保扶贫产业持续稳定发展。

在2月29日，海南省政府举办的全省国定贫困县全部脱贫出列新闻发布会上，海南省扶贫办负责人介绍，为破解贫困户农产品销售难题，各市县主动采取外销售、内消化的手段，积极对接外省市销售冬季反季节瓜菜，并在本地开发新的销售渠道，既保障农产品销售，又满足市场供应。截至2月25日，已销售带贫企业、合作社及贫困户农产品5.3万吨、1.5亿元。

产业损失务工补

在海口市美兰区三江镇茄芮村莲雾基地，每株莲雾底部都开挖了一个大约30厘米深的肥坑，67岁的该村贫困户吴多兴和其他两个工人正在给莲雾施肥。

“虽然年纪大了，但除草、开沟、放肥的活还是能够干的。”吴多兴说，在家养牛放羊之余，他都会经常到莲雾基地打零工，每天工钱120元，一个月也能挣个1000多元。

该产业扶贫基地负责人、茄芮村支部书记王琼介绍，受疫情影响，基地的外省工人目前还没有到岗，合作社从周边村庄聘请了28个工人。为避免人员聚集，工人全都错时分散施工，尽量减少防控压力。

“脱贫致富，一靠产业，二靠务工。”王琼说，茄芮村莲雾产业扶贫基地共800亩，累计带动全镇132户509名贫困户。贫困户可以在基地拿到三份收入：一是财政扶贫资金入股，每年保底分红10%，连续分红5年后还本；二是在莲雾基地务工，根据工种不同，每天120元到180元不等，只要贫困户有意愿，基地一定优先保障上岗；三是有土地入股的贫困户，从第四年开始，除了每年300元保底租金外，利润部分农户与合作社三七分红。

基地的莲雾已经种植 4 年，刚刚进入丰产期。王琼有些无奈地说，虽然通过水肥调控，可以实现全年挂果，但根据往年市场行情，一般都会选择在春节前后集中上市，春节前莲雾田头价能卖到 12 元 1 斤，过年就能给村民分红。没想到受寒流影响，上市期推迟了 10 多天，又赶上疫情防控流通不畅，造成 10 多万斤莲雾因来不及采摘而落到地里。

滞销出现后，海口市美兰区政府第一时间想办法对接本地商超和电商平台，同时组织社区团购，帮助合作社销售了 10 多万斤莲雾，最大限度减少产业损失。除了鼓励贫困户到莲雾基地务工外，在村里疫情防控方面，王琼尽量安排贫困人员上岗，每人每天 200 元补贴，“产业损失务工补”。

帮助扶贫企业渡过难关

采访当天，正好遇到茄芮村帮扶责任人、美兰区政府办公室副主任方继云到莲雾基地介绍金融扶持政策，了解有无小额贷款需求。方继云称，为减少扶贫产业受疫情影响，海南省政府对 100 万元以下扶贫贷款进行全额贴息，发动银行与带贫企业及合作社主动联系，帮扶干部下村摸底，全面了解带贫农业企业及合作社的金融需求，尽快发放到位，确保复工复产，渡过难关。

同样，在海口市美兰区大致坡镇金堆村，驻村第一书记唐其良从正月初一到现在，一直守在村里，坚持疫情防控与生产两手抓、两不误。

最近唐其良已经成为“带货王”，他每天在微信朋友圈推送村里的扶贫农产品，又积极对接超市、海口“菜篮子”集团等线上线下多种销售渠道，帮助村里产业扶贫基地万众合作社种植的 150 亩丝瓜、茄子解决采摘运销困难。截至目前，带动合作社销售收入达 18 万元。

唐其良说，万众合作社每天解决村民就业近 30 人，累计发放村民工资约 5 万元。该村脱贫巩固户陈铭飞累计上班时长达半个多月，收入近 2000 元。

目前，海南正大力推动扶贫企业、合作社和贫困户复工复产，并建立了用工调度保障机制，以多种方式开展全省重点项目和重点企业用工需求调查对接，积极开发镇村防疫消杀、卡点值守等临时公益岗位，为帮助难以外出且有就业意愿的贫困劳动力实现就地就近就业。

截至 2 月 25 日，海南全省共投入 1127 万元，帮助 613 家带贫企业、合作社复产复工，今年扶贫项目已开工 616 个，共组织发动贫困劳动力务工 35093 人。

一个“畅”字活全盘

——湖南益阳巧解扶贫产销难题

张振中　杨　娟

3 月 12 日，在国家自然保护区核心区——湖南省益阳市安化县马路镇六步溪村，湖南坡茶叶基地海拔 900 多米的高山茶园里，贫困户陈岩丁和茶农们正在采摘第一批明前茶。

随着疫情的明显好转，安化县农业生产正在热力启动。过年前后两个月是安化黑茶的销售旺季，茶叶产销特别是销售受到疫情冲击。

对安化来说，一年之计在于茶。安化是中国茶业百强县之一、湖南千亿湘茶主产区、益阳产业扶贫强县，对于茶企特别是贫困户茶农

安化县云上茶业技术人员在修剪茶树

来说，茶树就是脱贫致富的“摇钱树”。2019年，近10万名建档立卡贫困人口从黑茶产业链中脱贫增收，占到了全县贫困人口的65%。

一亩稻虾助一人脱贫。同样在益阳扶贫产业大县南县，全县1.5万名贫困人口通过稻虾综合种养实现了脱贫增收，但今年同样遭遇了疫情危机。

餐中南县虾，饭后安化茶，这成了许多湖南人的饮食标配，即使是在疫情期间，这样的消费需求依旧旺盛。如何“疫”不容迟，顺应需求，迎难而上，帮扶产业，这成了益阳政企必须回答的一道考题。

危急关头，益阳市农业农村系统快速出击，阻击疫情，在“防”字上动真格，在“畅”字上做文章，畅通技术帮扶渠道、畅通供需信息渠道、畅通产品销售渠道，全力破解益阳黑茶、稻虾等扶贫主导产业的产销难题。

政府做好扶贫产业复产“催化剂”
让“产供销”上畅下达

“不能因为防控疫情而松懈了脱贫攻坚工作，两手都要抓，两手都要硬，打赢疫情防控阻击战、脱贫攻坚收官战。”2月20日，益阳市委领导到安化县调研时说。

到目前，益阳全市参与产业扶贫的新型农业经营主体达到1200余家，为推动农业企业特别是扶贫产业复工复产，益阳市委、市政府及时出台了《支持新型农业经营主体发展现代农业产业帮助打赢疫情防控阻击战的十二条措施》。在益阳市农业农村局的调配下，派出驻企联络员，积极协调解决企业用工、原料供应、产品运输、产品销售等难题，做到“用工畅、收购畅、供应畅、运输畅”。

据益阳市农业农村局负责人介绍，一方面，畅通信息渠道。市县联动，及时组织技术专家编制茶叶、稻虾等生产技术要点，线上、线下同步开展技术指导服务。按照不扎堆、不聚集的要求，通过“宣、送、帮”等多种形式，推动惠农政策和技术服务进村入户。另一方面，畅通销售渠道。针对疫情期间农产品供销受阻，着力畅通从基地到餐桌的“绿色通道”，让鲜活农产品出得了场、进得了城、到得了户、上得了桌，有效化解买难卖难问题。

茶叶是益阳富民强市、脱贫增收的主导扶贫产业，安化黑茶撑起了益阳茶业发展的大旗。2019年，益阳茶产业综合产值超过260亿元，而安化黑茶就高达220亿元。

因此，对安化来说，茶叶产业的复工复产尤为关键。要复工复产，必须做到产供销全链条畅通，对此，政府部门责无旁贷，主导推进。在生产方面，安化县出台《关于全力支持春茶生产的六条措施》，如带动贫困户增收的种茶大户与县内茶叶机械化采摘专业服务队伍签约的，按春茶采摘总服务费用的10%给予奖补。截至2月底，安化62家规模以上茶叶企业均全面复工复产，复工率达到100%。

在销售方面，为了抵抗疫情冲击，安化改变以往的“线下开园节”模式，从2月20日起举办网上开园节，对企业线上推广费政府给予30%的奖补，鼓励茶企开展电商销售等线上营销。为了带动贫困户促销，安化县商务局、安化黑茶离岸孵化中心推出新举措，安化黑茶旗舰店在疫情期间推出一款富民茶。这款富民茶全部由安化贫困户参与生产，每销售一盒会拿出5元补助贫困户。

与山区安化主抓黑茶产业不一样，地处湘鄂两省边陲、洞庭湖区腹地的南县狠抓支柱产业——稻虾产业的复产。脱贫攻坚收官之年绝不能掉链子，为了让南县脱贫致富的当家产业逆势壮大，2月26日，南县出台一号文件《关于做强做优稻虾产业发展助力乡村振兴的意见》。

政策给力增底气，服务到位助生产。前期线上指导，2月下旬疫情防控形势趋稳后，南县立即派出12支农技小分队分赴乡村，实地传授农户特别是贫困虾农在疫情期间的养殖技术。

“由于虾田现在趋于饱和状态，今年的虾苗将会供大于求，市场重心将转移到成品虾的销售。你们只管放心养，我们确保饲料供应，到时候出成虾，我们再帮你多找渠道销。”三仙湖镇农业综合服务中心夏飞向李元珍等贫困户承诺。

企业当好扶贫农产品“推广员” 让农户销售畅通无阻

安化县是集山区、库区、革命老区于一体的国家扶贫开发工作重点县，近几年建设安化黑茶扶贫基地5.8万亩，9万多名贫困人口年收入在9亿元左右。

茶地“生金”，因此安化今年将茶叶种植面积扩大到36万亩，让已脱贫的茶农稳定增收，并计划带动未脱贫的5763名贫困人口在今年全部“摘帽”。要达到目标，一个核心举措是将去年产的老茶卖出去、为即将上市的春茶新茶找到好销路。

然而，天不遂人意，疫情将原本旺盛的黑茶消费带入了“冷却期”。据安化黑茶离岸孵化中心统计，今年春节初一至初十，线下销量比去年同期下降80%以上，线上销售下降20%。

“患难之际，抱团取暖，我们企业在紧急自救之时还要救助贫困茶农。”安化黑茶离岸孵化中心理事长向懿认为，受疫情影响，线下实体店销量锐减，只有茶企提升线上销量和拉升品牌影响力，才是对安化贫困茶农最大的帮助。

作为线上销售的创新平台，安化43家茶企入驻安化黑茶离岸孵化中心。这些企业报名参加天猫官方的“春节不打烊”活动。春节以来，虽然访客购物氛围有所降低，但是客户的购买能力提升，单价比平日要提升一倍，部分参与“春节不打烊”的企业销量增长30%以上。

“我们公司带动增收的贫困户茶农有 1108 人，即使我们受损，也不能让贫困户茶农‘受伤’。”安化湖南坡茶叶公司总经理坚定地说。为了打通贫困户茶叶销路，该公司对订购贫困村茶叶的客户或经销商，贫困村产业扶贫协会将给他们发放“产品质量认证和产品帮扶证书”，茶企将 5% 销售收入返还给贫困村，实现了良性互动。

春茶三四月份将采摘上市，要确保新茶销售畅首先得确保生产质量高。2 月下旬，在安化县贡茶之乡仙溪镇仙中村四保贡茶专业合作社，负责人吴菁菁正在指导贫困户给春茶配好“营养餐”，确保每一片茶叶都让消费者放心。为了让贫困户茶农安心，吴菁菁承诺，只要是合作社结对帮扶的 400 多名贫困对象所生产采摘的茶叶，提前签订合同，鲜叶全部收购。

在湖区稻虾养殖大县，为了既顺应市民的消费需求，又促进绿色扶贫，在疫情期间，南县水产企业想尽了办法。

湖南顺祥水产食品公司在疫情中遭遇了“寒冬”。该公司带动南县 2000 多户贫困户发展稻虾综合种养。春节前后，原本正是小龙虾加工产品销售的旺季，疫情暴发后，销路和运输道路都被“卡了脖子”，价值 3 亿元的小龙虾产品积压在库。

“给贫困户找销路，也是给公司找活路。”前所未有的危机让周顺祥下定决心，要实现线上线下“两条腿”走路，寻求电商平台，直接打通终端消费者的线上销售渠道。通过 1 万余名微商和淘宝平台线上售卖，不到一个月时间，顺祥水产“渔家姑娘”品牌小龙虾等产品销售额突破 8000 万元，贫困户虾农养殖的错季鲜虾也顺利“爬”上了益阳、长沙等地市民的餐桌。

“我们错季出售的小龙虾通过公司统一收购包装后，价格能卖到 32 元 / 斤。”三仙湖镇咸嘉垸村的贫困户袁端午说，随着自己养的第一批 460 斤鲜虾已经售出，相信今年的日子会苦尽甘来。

从“鸡鸣闻三省”到粮卖亚欧美

吴晋斌

山西省大同市天镇县，地处晋、冀、内蒙古三省（区）交界处，素有“鸡鸣闻三省”之称。全县 80% 的土地属于山地丘陵，总人口 23 万，农业人口 19.1 万，其中贫困人口 4.76 万，是国家级扶贫开发工作重点县、山西省深度贫困县。

为厚植扶贫产业基础，近年来，天镇县深入推进“一村一品一主体”，实现了贫困村有脱贫产业、有带动主体、有合作经济组织，贫困户有增收产业项目、有劳动能力的有技能“五有”机制不断完善，脱贫产业快速发展、科技支撑保障有力、产销衔接更加紧密、龙头带动格局初步形成。

由点及面　带动产业链延伸国外

天镇县地处雁门关农牧交错带。近年来，天镇县以功能农业、旱作农业为方向，积极鼓励小杂粮种植，逐渐形成了谷、黍、红芸豆、黑大豆等地方特色小杂粮品种产业新格局，并被确定为国家级出口小杂粮质量安全示范县。在逐步打开国内市场后，天镇县把目光瞄准了海外市场，至今累计完成出口创汇 1700 万美元。

以红芸豆产业为例，天镇县计划在全县发展种植 5 万亩。作为龙头带动企业，天镇通航粮贸有限公司承接种植了红芸豆2万亩，按保底价5.0元/公斤向农户收购。天镇县按照“公司+基地+农户”“公司+农户”“公司+合作社+农户”等多种经营模式，大力发展订单农业，使小杂粮生产、加工、销售有机结合，形成龙头连市场、企业连基地、基地连农户的利益共同体，真正实现企业增效、农民增收“双赢”。

阳光下，一排排精美的塑料大棚泛着光芒；万头奶牛繁育中心挤奶大厅内，空气中都散发着淡淡的乳香……位于天镇县二十里铺工业园区的天镇中地生态牧场，现存栏良种荷斯坦奶牛1.3万头。全年生产鲜奶6.5万吨，销售收入3.15亿元，利润5000万元。

该牧场的落地运行，不仅是全县畜牧业发展的一个里程碑，还拉动了全县的玉米种植产业。据牧场负责人介绍，园区全年可收购当地青贮玉米8万吨、饲料玉米9000吨。辐射带动周边1200户农民种植青贮玉米3万亩，总收入3600万元，纯收入2800万元，年增收300万元。

2016年起，谷前堡镇就牢牢抓住靠近天镇中地生态牧场的区位优势，引导水源条件良好、土地资源富足的东马坊、一畔庄、十里铺、水桶寺、沙屯堡等村，集中连片流转土地，种植青贮玉米、苜蓿等饲草作物。当地村民有了跳出土地束缚的底气，有的应聘去园区工作，薪资达5500元/月还可享受五险一金，有的选择外出务工，人均年劳务收入最低达1.5万元……

依托北京中地万头奶牛产业园，推进土地托管、整村流转、入股分红，发展优质饲草基地；依托大伟嘉金猪扶贫项目，发展120个千头生猪育肥场；依托驴、羊、鸡的传统养殖优势，扶持发展一批专业合作社、家庭小农场，打造“1万头奶牛、10万亩果蔬、20万羽蛋鸡、30万亩杂粮、40万只绵羊、50万头生猪”的特色种养格局……天镇县通过培植农业龙头企业，“点”上突破，“面”上开花，推动传统种植“粮经”二元结构向农牧种养“粮经饲”三元发展，逐步走出一条变“特色”为“精品”、向“优质”要“优价”的内涵式现代农业发展之路，带动了贫困群众脱贫增收。

光伏扶贫走在全省前列

走进天镇县，荒凉的沙土坡上遍布深蓝色的太阳能电池板，远望如一片沁人心脾的蓝色湖泊。

黑石梁百村光伏电站，是覆盖101个贫困村、惠及深度贫困人口的重大项目，2016年9月立项。按照国家政策，如果在2016年12月31日前并网发电，一度电能收入0.88元，迟一天就会变成0.75元，电价一定就是20年。为了给贫困村多争取一些收入，当年10月1日，项目迅速开工。

复杂的岩层地质和突发的气候变化，给如期并网带来巨大挑战。为了抢进度，县乡村三级党组织全力以赴，党员干部两个月坚守山头，吃方便面、喝矿泉水、睡冷帐篷，终于赶在12月31日前实现并网发电，创造了当年开工建设、当年并网发电的奇迹。

据当地村民介绍，过去黑石梁荒草密集，没有人烟。经过一番土地平整，几个月时间电站就建成了。建电站不用村民花一分钱，占用的是村里的荒山荒地。村子能靠发电有收入，大伙儿举双手赞成。电站负责人说，10MW黑石梁光伏扶贫电站年有效利用小时达1816小时，位居全省前列。

黑石梁光伏扶贫电站的成功经验，仅仅是天镇县大力推进光伏扶贫的缩影。近年来，天镇县抢抓全国首批光伏扶贫试点县的机遇，在全省率先实现光伏扶贫全覆盖，全县每个贫困村每年能获得8万元的集体收入。

截至2月底，全县光伏扶贫电站装机总容量达到了6.48万千瓦，累计发电6356.86万度，实现收益5783.02万元，发放收益5189.2万元，受益贫困人口1.5万户3.4万人，广大贫困群众真真切切地享受到了党和政府的“阳光”温暖。现在，天镇县光伏电站在建设、运营维护、收益分配等方面已形成一套完整生态，为全县人民的美好生活提供着持续不断的动力。

产业扶贫不断档　排忧解难不断线

——各地积极行动落实落细帮扶政策

邓保群

脱贫攻坚收官之年，是“战事”最吃紧的一年，犹如滚石上山，离山顶越近，越需咬定牙关，一鼓作气，迎难而上。

近年来，我国坚持以脱贫攻坚统揽贫困地区经济社会发展全局，贫困地区特色产业不断壮大，经济活力和发展后劲明显增强。

然而，受新冠肺炎疫情影响，近期不少贫困地区农畜牧产品卖不出去，农用物资运不进来，生产和消费下降，影响产业扶贫的稳定发展和贫困户稳定增收，增加了部分群众返贫致贫的风险。

距离打赢脱贫攻坚战时间紧迫，为了尽可能把时间进度抢出来，把疫情的影响降到最小，中央各部门，各级党委、政府积极行动，落实落细产业帮扶措施，为脱贫攻坚战提供有力支撑。

疏通农资供应链　保证春耕顺利进行

天气回暖，全国各地陆续上演“春耕备耕图”。在疫情影响下的特殊时期，为了帮助贫困户不误农时，大家惜时节、破难点，保障农业生产有序进行。

3 月 11 日，国投新疆罗布泊钾盐有限责任公司罗中生产基地车间内，机器轰鸣，各条生产线满负荷运行，一片繁忙景象。为了让农户用上“及时肥”，这家世界最大的单体硫酸钾生产企业，全面发力，日产优质硫酸钾5000吨以上，向内地紧急输送钾肥。

“现在每天都要看着这些原料入库，才觉得安心。”云南昆明的云天化集团天安化工有限公司磷肥制造中心主任蒋忠成说，全面复工后，工人们四班两倒，生产线24小时运转不停，随着中间原料硫酸、磷酸的库存日渐减少，公司通过外购，解决生产原料不足问题，全力保障农资生产。

特殊时期，谋划先行。早在2月12日，国务院扶贫开发领导小组印发《关于做好新冠肺炎疫情防控期间脱贫攻坚工作的通知》，要求各地“做好春耕备耕工作，组织做好种苗、农资供应，确保农业生产不受影响”。

近日，农资经销商简德辉又驾驶厢式卡车，满载着1400斤种子和5吨化肥，沿蜿蜒的盘山公路向江西省宜春市宜丰县横岭村进发。虽然路况不好，但疫情发生以来，他已跑了两趟横岭，只为将春耕物资及时送到这个省级贫困村，以免耽搁农业生产。

为保障春耕顺利进行，宜春市对农资运输车辆统一开具了特别通行证，并在各个公路卡口为偏远地区配送农用物资的人员解决午餐和饮用水。疫情防控期间，宜春全市已为春耕储备种子8584.3吨、化肥23.13万吨、农药2889吨，并已全部配送至10个县市区的1402个农资网点，实现100%配送到位。

当前，全国各地农资供应堵点基本疏通，这与前期筹备工作直接相关。

2月17日，国家发改委、农业农村部、中华全国供销合作总社等16部门联合发布《关于新冠肺炎疫情防控下做好2020年春耕化肥生产供应工作的通知》，要求有关部门协调配合，及时反映春耕农资供应情况和问题，尽快将农资物流疏导措施落到基层，确保农资物流畅通。更加有针对性的政策很快跟进。2月26日，交通运输部、农业农村部印发《关于全力做好春季农业生产物资运输服务保障的紧急通知》，将春季农业生产物资和农机具转运纳入应急运输绿色通道政策范围，承运企业自行网上打印通行证，确保农资运输车辆不停车、不检查、不收费，优先通行。

除了“线下”为物资供应开绿灯，“线上”数据服务也及时推出。3月5日，农业农村部开通运行全国农业农村应对新冠肺炎疫情数据服务平台，充分发挥信息化在政策宣传、农资配送、防灾减灾等方面的重要作用。

串联产销诸环节 搭建农产品销售快车道

前些天，山西省平定县不少单位的工作微信群里转发这条消息：“受疫情影响，梁家塧村红日养殖专业合作社的1万多斤鸡蛋滞销。”平定县农业部门了解情况后，优先安排采购、配送，随后几天，滞销鸡蛋销售一空。

疫情防控期间，“互联网+”的产业扶贫模式成为解决贫困地区产销难的利器。在刚刚“摘帽”的山西省永和县，索驼村扶贫养殖合作社的60头膘肥体壮的肉牛马上要出栏了，但受疫情影响，卖不掉。驻村干部联系电商平台，帮助合作社网上卖牛，县里扶贫部门也帮忙对接渠道，优先收购贫困户的肉牛。最后，肉牛卖出去了，合作社里的贫困户都多收入了3000元。

全国层面的产销对接活动也在有序开展。3月6日，农业农村部组织召开农产品产销对接视频会商会，组织产销主体视频协商、网络签约，采取“点对点”“一对一”的方式解决农产品卖难问题，会上，湖北、山西、云南、广西、新疆等省区农业农村部门介绍了当地农产品产销情况，各大电商平台积极参与进来，促成采购量 5.035 万吨，金额达 3.358 亿元。

农产品营销渠道是农民实现从农产品到货币“惊险跳跃”的关键一环。为了帮助贫困地区在此平稳过渡，2 月 14 日，国务院扶贫办、中央网信办、农业农村部等 7 部门全部行动起来，依托政府采购政策，联合开展消费扶贫行动，全方位举措帮助贫困户解决“卖难”问题，实现城市“菜篮子”“米袋子”有效供给和促进贫困地区扶贫产业健康发展，满足城市居民需求升级和帮助贫困群众持续增收。

此次消费扶贫的主要方式有四种：预算单位采购贫困地区农副产品的政府采购模式，政府主导建立消费扶贫交易市场的东西部扶贫协作模式，各类企业销售扶贫产品的市场主体参与模式，中国社会扶贫网销售模式。

在疫情冲击下，仅仅靠市场这只“看不见的手”，不足以解决当前农产品的价格下行与滞销风险问题，此时，要充分发挥政府的作用，多方调动资源，广开销路，稳定价格。

从中央到地方，各系统紧密配合、协同作战，为农产品“出山”架桥铺路。点对点，面对面，多元市场主体参与，线上线下齐发力，主动帮助农民“带货”。截至目前，全国主要农产品产能和供给充足，市场运行基本平稳。

优先保障扶贫项目　为持续发展保驾护航

受疫情影响，目前在一些地区，农村扶贫项目尚未完全恢复，人们担心延期开工，项目会“黄”了。

2 月 17 日，国务院扶贫办、财政部联合印发通知，宣布 2020 年新增中央财政专项扶贫资金向疫情较重地区适当倾斜，各省区市在分配资金时也要给予倾斜支持。已提前下达的财政专项扶贫资金，要优先支持疫情防控相关的影响脱贫攻坚任务完成的扶贫项目。

该通知还明确，各省可结合实际，研究制定针对受疫情影响较重地区脱贫攻坚的支持政策，允许县级因地制宜调整和优化资金使用要求，重点向产业项目倾斜。

广西壮族自治区扶贫办负责人介绍，为激励贫困户发展产业，自治区适当调整产业奖补门槛，简化程序，降低最低奖补规模，提高奖补标准。对于在 6 月 30 日前发展的产业，在确保真实准确的前提下，可在网上开展计划申报、申请验收、公示公告等工作，单户单项最低奖补规模调整为原来标准的一半。贫困户在 3 月 31 日前、4 月 1 日至 6 月 30 日期间发展的产业，奖补标准在原定单位补助标准基础上，分别增加 50%、30%。

“标准提高后，已脱贫户最高可获 7500 元，未脱贫户最高可获 1.5 万元。”南丹县扶贫办介绍，当地出台特色产业扶贫奖补方案，计划发放奖补资金2500万元。目前，全县已有4530户建档立卡贫困户申请发展特色产业，将发展种植产业 2350 亩，家畜养殖 3160 头，家禽养殖 8000 羽。

为了让“救急”的帮扶资金更快注入危难之地，促进扶贫产业持续发展。国务院扶贫办、中国银保监会联合下发通知，要求各级扶贫部门和银行保险监管部门充分发挥扶贫小额信贷作用，帮助受疫情影响贫困户尽快恢复生产，并将适当延长其扶贫小额信贷还款期限。

协作扶贫不仅是“东财西用”

——浙江武义县对口扶贫四川南充市嘉陵区的启示

李传君

今年，浙江省武义县与四川省南充市嘉陵区作为东西部协作扶贫双方，将在嘉陵区工业园共建一个示范产业园，该园区分 3 年建成，由东西部协作扶贫专项资金撬动的总投资达 7 亿余元。

截至 3 月底，武义县共为嘉陵区注入扶贫专项资金 1.05 亿元，主要用于特色产业扶持项目，通过建立完善的利益联结机制，有效带动贫困人口脱贫。据统计，仅 2018 年和 2019 年，特色产业扶持共带动 18110 余名贫困人口增收致富。

武义县对嘉陵区的协作扶贫不仅仅体现在扶贫专项资金的注入，两年多来，双方从领导互访建立高层联席会议制度、人才交流、劳务协作、产业合作到全社会多方面对接和交流合作，目前已经形成彼此双方携手奔康的深度合作局面。

“我们充当了这项工作协调的联络员、产业合作的宣传员、人才交流的引导员、劳务协作的组织员和结对帮扶的中介员，目的是实现从‘输血’到‘造血’转变，充分激发当地群众脱贫奔康的内生动力。”武义县有关领导说。

三年注入 1 亿元　扶持产业添活力

2017 年前，一立镇灵水堰村基本无现代产业，有多年食用菌种植经验的张蜀萍给村里带来了希望，她建起 80 余个大棚，成立了专业合作社，准备带动村民一起脱贫致富。

然而，2018 年 4 月的一场暴风雨将张蜀萍的大棚一夜吹翻。正值羊肚菌采摘季节，本来每天可产出几千斤的货，一下子全毁了。这场天灾让张蜀萍损失了 100 多万元。

天无绝人之路。了解灾情的区领导给她带来了东西部协作扶贫项目，张蜀萍当即申请，很快就批下来了。在 2018 年底前，400 万元项目资金陆续到位，张蜀萍很快重整旗鼓，并扩大了规模，主要种植双孢菇和羊肚菌。目前，她的基地占地 500 余亩，年产值超 1 千万元。

根据协议，400 万元项目资金以每年 8%的保底分红给贫困户，产业周转金以每年 10%的比例分给贫困户，再加上基地所产生的每年 17 万余元的土地流转费、60 万元左右的劳务工资，张蜀萍的食用菌基地每年可为该村创造 110 余万元的直接经济收入。

据嘉陵区发改局有关负责人介绍，2018 年武义县对口帮扶资金达 3000 万元，其中 2900 万元用在了产业扶贫上，共实施了花椒木本油料、桑茶基地、晚熟柑橘基地、临江两岸生态农业、食用菌、田园综合体建设及电子商务进农村等 7 个项目。

2019 年来自武义县的帮扶资金达 3300 万元，其中 2750 万元支持了 5 个产业扶持项目。今年到位的 4000 余万元中还将有更多资金用于产业扶持。通过产业扶持，各基地均建立健全了“分红股金、务工薪金、土地租金”为主的利益联结机制，18110 名贫困人口获益。

2019 年实施的项目中，协作双方帮助嘉陵银海丝绸公司与上海水星家纺签订了合作协议，就5000亩蚕桑基地共建、黄金丝技术研发、蚕丝制品回购等签订了合作协议。项目实施后，预计每亩桑园可增收20%，提供120余个用工岗位，带动46名贫困人口脱贫增收。

共建示范产业园　创建协作扶贫基金

“以前招引的企业都是各自找地方建（租）厂房，今年我们要在工业园区打造一个嘉武东西协作共建示范产业园，建几幢多层标准化厂房，目的是以园引企，从而带动本地劳动力就业。”嘉陵区发改局有关负责人介绍，整个园区可容纳1000余家大小企业，可为两万多人提供就业岗位。

这一举措源于2019年嘉陵区和武义县签署的《嘉武东西协作共建示范产业园协议》，随后，南充嘉武产业协作投资有限公司成立，具体负责投资和运营产业园项目。

于是，双方协作加大招商引资力度。到2019年底，通过嘉陵区的努力和武义县的推介，共有吉利四川商务车有限公司、巨健消防装备制造有限公司、南充红狮水泥有限公司、南充国澳通电子科技有限公司、四川尚非服饰有限公司、南充金福春丝绸有限公司等企业落地嘉陵，合计投资共18.8亿元，共提供就业岗位2000多个，其中贫困户500多人。

值得一提的是，双方在协作中摸索创建了一个东西协作精准扶贫基金，为后续扶贫创造了长久造血功能。根据基金的《使用管理办法》，基金池资金来源主要有三：在3年建设期间，每年由南充嘉武产业协作投资有限公司从投入到示范产业园建设的扶贫项目资金中提出8%预分红款，根据计划，这项资金每年将有160多万元；从示范产业园的厂房中安排一幢作为扶贫公益厂房，从入驻企业缴纳的租金中按每月 5 元 / 平方米计提，示范园每幢厂房总面积约 1.8 万平方米，该项提取资金每年可达 100 多万元；从东西协作扶贫专项资金发展的其他产业项目剩余年度分红中提取 40%，以及其他捐赠资金。

基金使用也有明确规定，仅限于精准扶贫各项工作，以增强循环造血功能。如：开展职业技能培训、开发扶贫爱心岗位、对吸纳贫困劳动力的企业进行就业奖补、开发公益性岗位、对“两不愁三保障”等方面存在困难的贫困户给予一定救助、支持残疾人就业和创业等。

深度融合全面交流　携手共赴小康路

“东西部协作扶贫实际上是共同富裕理论的延伸，是利用东部地区的优势携手西部地方的不足，共赴小康路。”武义县有关领导说，这不仅是给一点儿钱，更重要的是深度融合全面交流，充分挖掘西部自身发展的潜力。

东智西借，嘉陵区和武义县党政“一把手”均率团交叉作了调研，每年均召开联席会议，共同研究协作扶贫相关议题；双方均互派党政干部和专业技术人才挂职交流学习。

2019 年，嘉陵区共选派 3 名科级干部和 25 名专业技术人才到武义，武义协助嘉陵共举办干部培训班 6 期，培训 1004 人次；举办专业技术人才培训班 3 期，培训 262 人次。

“通过交流，引进先进的经验、智慧和观念，对我们启迪很大，通过取长补短，促进了我们人才队伍的进步。”陈先裕说。曾带队到武义县壶山小学挂过职的嘉陵区之江小学校长唐文东感触颇深：“通过对比，我们落后在观念和精神上。他们在学校的管理上有更大的自主权，管理更加科学、精细；教师的敬业精神让人震惊，学生的学习劲头更让人震撼！”唐文东以壶山小学课间操为例，“我们课间操仅 20 分钟，很多师生还不认真对待，而他们课间操40分钟，几乎整个时段师生全体参与运动，而且运动项目丰富多彩！”

另外，加强劳务协作，实现就业扶贫也是重要手段。2019年，双方组织开展劳务协作专场招聘会4场，举办劳务协作培训班11期，培训贫困人口379人，累计帮助贫困人口实现就业3665人，其中转移到东部地区就业393人，帮助贫困人口省内就业1682人。

而今，嘉陵区和武义县各机关单位、群团组织、社会机构之间也形成了广泛深入的结对帮扶。借助武义“中国超市之乡”的金字招牌，嘉陵区尚好桑茶、银海丝绸等特色产品走出四川、登上全国超市货架，两年累计销售3212万元。通过“万企帮万村”活动，武义企业与嘉陵区结对17对。武义县红十字会等机构为嘉陵区募集捐款捐物693万元。

“冷资源”如何转化为“热效益”

——河北尚义县发展“零度以下”经济推进脱贫攻坚

郝凌峰　苏　焱

风起塞外，潮涌尚义。

牛奶草莓、吊蔓西瓜、有机蔬菜、枸杞、药材、燕麦等40个特色农业基地生机勃发；河北芳草地牧业白羽肉鸡养殖有限公司“全面开花”，共建成200万只的基地10个，并形成了养殖、加工、销售为一体的全产业链；89个村级光伏扶贫电站与3万千瓦集中式光伏电站形成可实现稳定增收的“铁杆庄稼”，惠及12943户贫困户，年均增收750元；电商扶贫入选全国精准扶贫50佳典型案例和全国网络扶贫案例……

随着一批批项目落地生根，尚义县“零度以下”经济之花璀璨绽放。

观念之变——辩证看待“冷”与“热”　百尺竿头再跨越

尚义县位于张家口市坝上高寒地区，年平均气温3.5摄氏度，无霜期100多天，年平均日照时长2815.3小时，年均大风日数55.3天，冰雪资源充沛。

一组数据折射出坝上地区的气候条件——大风、寒冷、日照足。“地白风色寒”是生活在坝上地区人民刻骨铭心的体会。也正源于此，此地农民“一年总有半年闲”。如何突破自然环境束缚，开辟一条独具地域特色发展道路？如何转资源劣势为优势，使当地“冷资源”转化为“热效益”？

尚义县辩证看待“冷资源”与“热效益”两者关系，通过“高处布局”又从“低处落子”，交出一份“答卷”。

尚义县按照京津冀协同发展“首都水源功能涵养区和生态环境支撑区”的战略定位，以张家口筹办冬奥会为契机，利用本地冷凉气候和独特的阳光、风力、冰雪等资源，瞄准建档立卡贫困户，打造了零度以下新的经济增长点。

北京万德元企业、天安农业、深圳金津果业等18家适合在冷凉环境生产的龙头企业，开辟了坝上高寒地区冬季种植业的先河。

中核、协鑫、启能3家公司，建成集中电站7.4万千瓦，实现年产值17.7亿元，成为全县经济发展的支柱产业。

京城广厦、北京洼里等企业相继建成大青山国际旅游度假区、石人背地质公园、鱼山越野公园三大景区，打造了马莲小镇、特色美食一条街、四台蒙古营风情等特色旅游村12个，形成四季全域旅游新格局，带动1389名贫困户就业，人均增收2664元，977户贫困户出售土特产，户均增收1580元，184户贫困户发展特色民俗、农家餐饮等项目，户均增收6652元。

方式之变——平衡把握“守”与“创” 蓄势待发海天阔

由北京万德元企业入驻的草莓园位于红土梁镇境内公路旁，远远望去，连片的大棚星罗棋布，像银色的海洋。

这里一年四季绿意盎然，数九寒天的严冬大棚内也是硕果累累。

程美云是红土梁镇大阳坡村人，2019年，她整整在这里打了一年的工，谈到这份工作，她喜不自胜："大棚内温度适宜，在这里干活，冬天也不遭罪，最高兴的是，冬季农闲季节平均每月也能拿3000多元工资。"

一个人的变化是"点"，一群人的变化是"面"。

2019年该公司共繁育草莓种苗1000多万株，生产鲜果5万公斤，覆盖2982户贫困户，户均实现综合收益1100元，吸纳80名贫困劳动力打工就业，年均增收6000多元。

尚义县结合各地资源特色和特色产业基础将全县14个乡镇划分为精品瓜果、中药材、有机蔬菜、亚麻种植加工、精品杂粮5条产业带，产业统一布局，统筹推进。成立了县、乡、村三级扶农公司，设立土地流转资金，对精品产业示范基地给予补贴，县财政每年安排特色农业发展专项资金，重点扶持流转期限长、流转面积大、社会效益好、带贫能力强的扶贫产业项目。目前全县土地流转面积达16万亩，仅土地流转一项带动2194户贫困户，户均增收1060元。

尚义县投资4000多万元，建设占地面积270865平方米的鸳鸯湖滑雪场项目，有滑雪区、嬉雪区、雪雕区、雪狼特战营真人CS基地等多个功能区。到目前为止尚义县共举办特色活动13场，吸引全国各地游客40多万人次，大量的人流转变为"现金流"，偏远的尚义因"冷"而声名远播，实现了产业发展新突破。

以打造冬奥会农产品供应基地为目标，统一生产技术、统一加工包装、统一品牌销售，全面叫响"谷之禅""尚义·尚品"等品牌，为打通线上线下渠道奠定基础。

机制之变——准确拿捏"破"与"立"　奋楫扬帆逐浪高

"我资金少、缺技术，找不到合适的增收门路，是村里的'公租大棚’解决了我的问题。”靠“公租大棚”摆脱家庭生活困境的刘振爱，曾是王二来村出了名的贫困户，前些年全家4口人经营着20亩耕地，以种植莜麦、小麦大田作物为主，家庭收入低，日子过得紧巴巴。去年他承租了村里的10个“公租大棚”种植蔬菜，收入8万元，一举摘掉“贫困帽”。

王二来村“公租大棚”模式是尚义县破旧立新的一面“镜子”。

道源农业有限公司采用“企业+合作社+农户”模式，打造小杂粮全产业链。2019年，下马圈乡小杂粮种植面积发展到7100亩，种植户达到434户984人，覆盖全乡常住人口的68%，生产以“黄金小米”为代表的精品小杂粮500吨，收购价每斤高于市场0.5元，种植贫困户人均增收3653元。

谷之禅公司以每斤高于市场价3分至5分的价格，吸引贫困户发展燕麦种植，639户1248名贫困人口人均增收600元；建设扶贫车间，15名有劳动能力的贫困人口年均增收2万元以上；设置产业扶贫基金，每年提取扶贫基金10万元，用于帮助贫困户壮大扶贫产业。

尚义县相关负责人说：“我们通过推行企业合规经营、建立企户联结机制、完善差异分配机制，解决了贫困户没有资金、没有技术的现实难题，使农户与企业一同成长、发展、壮大。”

“1+1+1>3”复合式山地新农业探秘

刘久锋　王兴春

有着“千里乌江源”之称的贵州省贵阳市清镇市流长乡，地处喀斯特高海拔山区，石漠化占全乡耕地面积的60.9%，土地贫瘠，水资源缺乏，广种薄收。传统农人用传统农法从事传统农业，一家人几亩地一年也没多少产出。

近年来，按照贵阳市“五子登科”主导产业和清镇市“枫、蔬、果、茶”四大产业纵深推进农村产业革命部署，该乡围绕刺梨基础产业不断探索，走出了一条“1+1+1>3”复合式纵深推进农村产业革命、决战决胜脱贫攻坚的绿色山地新农业发展之路。全乡3300余户1.2万余人参与到产业建设，户均增收6000余元；全部建档立卡贫困户684户1910人全部实现脱贫。

“刺梨＋蜜蜂＋黄豆”　拓宽群众增收路子

一丛丛低矮的刺梨蓬布满山野，一簇簇犹如小花的绿叶在刺梨树枝头错落有致绽开，给这个特殊的庚子年春天增添了几分盎然生机。刺梨蓬下，不少村民正在打枝、锄草。

这是3月8日，清镇市流长乡黑土村5000亩刺梨基地的场景。

“我家种了50亩刺梨，现在有50箱蜜蜂，今年我还打算再增加十桶，再在刺梨地里种点老虎姜。”正在打枝的村民张大辉说，收入十来万元应该是没有问题的。

“别看这些石旮旯地，再过几个月后它就会产生叠加效应，一块地里有几份收入，一年每亩地搞个 6000 块钱不成问题。”正在基地里放蜂养殖的流长乡油菜村茂根百合养殖农民专业合作社负责人堪茂根穿着防护服，一边察看蜜蜂情况一边信心满满地说，“搞刺梨林下养蜂和刺梨、黄豆种植，我觉得非常好。自己算了笔账，合作社种植刺梨 800 亩，挂果后，刨去成本每亩刺梨可以净赚 3000 元，加上蜜蜂的收益分红，比种苞谷划算多了。”

“遍山石旮旯，泥巴没几坨；要想吃大米，除非背背箩。”这首当地流行的打油诗，对于土生土长的张大辉来说并不陌生。黑土村和流长乡其他村一样，地处喀斯特高海拔山区，石漠化严重，耕地少，土地贫瘠，水资源缺乏，常年广种薄收。

谁曾想到，几年前这个年人均收入不足 1 万元的村庄，依靠刺梨等特色产业，如今农民人均可支配收入达到 1.7 万元以上，部分种养殖大户年收入直接突破 10 万元大关。这一切的改变，得从流长乡纵深推进农村产业革命，紧抓“1+1+1>3”复合式山地农业产业发展模式说起。

“石漠化严重的地方，土壤肥沃的坝子珍贵且稀少，想规模化发展产业，还得盯住这一座座大山。”流长乡副乡长介绍说，推广种植刺梨产业之初，就得到广泛赞同，群众积极性高涨。但如何以短养长，乡干部有过一番激烈的讨论。后来找到贵州大学等高校的专家考察，并在刺梨基地开展实验。事实证明，山上不仅适合种刺梨，刺梨花养蜜也确实有效。

“在流长乡喀斯特高海拔山区种植的刺梨，维生素 C 含量是其他地区的 1.4 倍，以刺梨花作为蜜源花酿造的蜂蜜，比人工授粉和普通花源酿造的品质更好、药用价值更高、保健效果更优。同时，蜜蜂授粉可增加刺梨果产量和质量。在刺梨地里套种的黄豆，根瘤菌含氮特别高，氮肥对果树生长大有好处。”流长乡副乡长介绍说。

说干就干，在技术专员和大户的带领下，在乡干部的动员下，流长乡老百姓纷纷在自家地里种上了刺梨。截至2019年底，全乡完成规划种植刺梨1.5万余亩，部分套种本地黑腰细黄豆。蜜蜂养殖由乡政府组织开展免费技术培训，统一“苗乡送春归”蜂蜜品牌销售，共发动农民专业合作社及养殖大户示范养殖蜜蜂1000余箱，年产优质蜂蜜5000公斤左右，实现年产值150余万元。

“‘刺梨+蜜蜂+黄豆’套种套养模式不仅降低了老百姓发展农业产业化种植的收入风险，也保证了乡里的另一个优势产业——沙鹅豆腐生产原材料的提供。”沙鹅村党支部书记、致富带头人张军说，沙鹅豆腐在贵阳、清镇地区都有一定知名度。就在刚过去的这个春节，全村就卖出去2万多斤。“沙鹅豆腐的年销售可达300万

当地村民将制作好的沙鹅豆腐晾凉之后进行熏制

元，还不算豆渣养出来的熟食料猪的收入，大家的生产积极性自然更高了。"

"养牛＋蚯蚓＋蔬菜" 有效利用变废为宝

"这种因地制宜、因户因人施策，向有限土地要'空间'，'一地生多金'的做法，降低了单一品种带来的风险，还可以多渠道增加群众收入。"据流长乡党委书记介绍，他们用含有大量有机物的蚯蚓粪来浇灌刺梨，一定程度上能提高刺梨挂果率，形成了一个从一产到多产、单一到复式助推脱贫攻坚的生态循环产业链。

该乡党委书记提到的"蚯蚓粪"，是乡党委、政府围绕刺梨产业发展科技提升，在流长乡肉牛养殖大村王院村按照"1+1+1>3"复合式山地农业发展模式，启动试验新衍生出的复合式产业。

这两天，兴隆村的首个蚯蚓繁种基地正在进行第一次蚯蚓采收。

"我们引进的这个蚯蚓种，主要通过牛粪养殖，一头牛的牛粪一年可以养 35 斤蚯蚓。"王院村驻村第一书记李奇介绍说，兴隆村的养牛大户比较多，所以第一个项目便落在了兴隆村养牛大户胡攀勇的牛场旁。

该乡党委副书记、乡长介绍，肉牛养殖是流长乡重点发展的生态畜牧业之一。养牛大村王院村 2019 年肉牛存栏就达 1000 余头。养殖产生的牛粪 40%还土，养殖户自行售卖或无法收集的占 5%，余下的 55%如果得不到及时有效的处理，将会对生态环境造成巨大压力。

经多方考察学习，2019 年初，贵阳市商务局派驻王院村同步小康驻村工作组第一书记李奇协调启动资金 5 万元，发动 10 余户农户先期实验养殖蚯蚓。其中，兴隆村村民胡勇成了新发展模式的带头人和先行者。

“牛粪中含有大量的有机质，是蚯蚓生长的沃土，用牛粪养殖的蚯蚓产量高、体型大，可以用作鱼饵、制作有机肥等，而且蚯蚓粪含有大量的有机肥，可以改良土壤，用来种植蔬菜也可以提高蔬菜的品质。”唐玉坤介绍，在探索尝试发展“肉牛养殖+蚯蚓养殖+蔬菜种植”发展复合型产业的过程中，流长乡积极协调农业企业合作，蚯蚓种和技术由贵州黔农汇公司提供，销售也由企业收购。去年9月份，胡攀勇的牛场旁开辟了一片800平方米的牛粪地，投放下500斤的蚯蚓种。

“预计这次能采收700—800斤蚯蚓，其中扣除500斤的蚯蚓种外，其余的都按7元/斤的价格从养殖户手里收购，售卖到花鸟市场去做鱼饵。”李奇说。

“以前牛粪不好处理，现在用来养蚯蚓，还能有不错的效益。”胡攀勇养的最多的时候有五六十头牛，春节卖掉一部分后现在也有二十几头存栏，“一头牛的平均利润在几千元，再加上卖蚯蚓，每年能有将近30万元的收入。”

“按照这种模式发展，可以形成一条既促进农民增收又改善生态环境的循环农业产业链，变废为宝，实现效益互补，规避风险，将‘绿水青山’变成‘金山银山’，真正达到‘1+1+1>3’的效益。”该乡党委副书记、乡长说。

穷山沟变身世外桃源

胡明宝

5 月的“桐花乡约 · 乡村公园”宛如一座世外桃源。环山路旁，沿坡而上，在通往村子的入口处，游客被这里的美景深深吸引：木桥、茅屋、荷塘、石凳，处处呈现出别样韵味，完全不像普通的关中乡村。

“桐花乡约 · 乡村公园”坐落在陕西省蓝田县九间房镇桐花沟村，这里远离尘嚣、风光旖旎、民风淳朴。几年来，在当地农业农村部门的大力撮合下，来自城里的资本与桐花沟牵手，逐步形成了资本下乡扶产业、智力下乡带发展的桐花沟乡村振兴模式。

思路一换　变化初现

“咱们这儿都是山梁沟壑，种地劳动强度大不说，还投入多、产出少，基本靠天吃饭。”据桐花沟村离任干部程宏其介绍，前些年，村里的年轻人几乎都到西安甚至南方的一些城市打工了。

桐花沟独特的山川塬地貌给种植带来极大难度，但也正是南高北低的地势，层次感强，成为一个观山赏景的天赐之所。程宏其说：“桐花沟东临流峪，背靠王顺山，空气清新，四季景色各异，是一个适合休闲养生的好地方。我们就想着换一种思路，让贫瘠的山梁沟壑变成村民的金山银山。”

新思路催生新变化，桐花沟的变化始于2016年。西安大东方文化旅游发展有限公司在桐花沟村注册成立，积极参与到农村“三变”改革当中，以乡村公园规划作为切入点，全面与村集体合作社合作，将桐花沟村闲置资源盘活利用，帮助进行市场化运作。

“乡村公园积极发挥岭塬相间、风景秀美的资源优势，探索落地了以农村集体经济组织为主要载体，让农民充分参与并受益，打造集农业示范园、民居改造、民宿产业、休闲旅游、产业融合等功能于一体的乡村综合发展模式。”“桐花乡约·乡村公园”负责人辛晓红说。

在原味儿乡村感受精品生活

吹拂着秦岭山间习习的微风，踱步在富有风情的桐花乡约精品民宿，中式传统的西北宅院煞是好看，或古朴简单，或蕴藏艺术气息，或特点凸显，或内敛含蓄，和村庄的气质融为一体。

“这些古朴简雅的四合院原本是村民闲置的民宅。村里成立了股份经济合作社，将村民分两类纳入村集体经济组织，人口股村民享受集体公共建设项目带来的权益和分红；以资源入股的村民将闲置民居、农业用地纳入集体经济合作社，民居改造修缮后进行民宿运营，既能享受民居租赁收益，又能享受运营收益分红。”辛晓红说。

在桐花乡约精品民宿可以看到，民宿建筑风格分为中式传统四合院大宅和原生态民宅两种，室内设计均由知名设计师完成。公共区域配有公共厨房、共享咖啡书吧、菜园等设施，可供入住者使用。

更令人称赞的是，现在桐花沟村的整体风貌也统一由设计师进行规划设计，看似一幢幢简约朴素的关中民居，细节打磨颇为用心。这里的民宿执行7×24小时精品旅游度假服务标准，设置运营总监、民宿管家、值班看守、厨房服务、客房清扫等岗位；制定了服务标准和流程，将乡村民宿的原汁原味儿和现代酒店管理的高质量服务呈现给每一位游客。

李小莉是桐花沟村村民，她已经在精品民宿工作了大半年："打扫客房、喂鸡做饭，干的都是最熟悉的家常活儿，不那么辛苦，每个月还能拿到2000多元工资，再加上每年的租地和分红收入，比以前种地不知要强多少倍！"

文化进村加速产业孵化

目前，"桐花乡约·乡村公园"正在申请省级农村改革试验区项目。随着乡村公园项目的全面扩展，民居改造、乡村体育、种植园、文化产业等板块也逐步搭建起来。

在辛晓红看来，乡村振兴，振兴的不仅是经济，更是在赋予乡村新的文化魂，让资本与智力下乡，激活乡村发展活力。

随着项目的深入推进，"桐花乡约文化授业讲堂""桐花乡约文化研学中心"等文化产业项目也初露峥嵘。"桐花乡约·乡村公园"引进终南论坛，来自全国各地的专家学者齐聚一堂，围绕文化景观、人类学、社会学、历史考古学、宗教艺术学等方向和领域，深入挖掘终南文化内涵，拓展终南文化外延。除此之外，还引入了传统书院、天文台等文化IP，通过文化名人客座、入驻、顾问等形式，挖掘村庄历史文化，提炼村庄文化价值，丰富文化产业的发展。

"我们将继续深入推进共赢，通过'农户+合作社+龙头企业'的方式，实现农户就业便利、收入结构丰富、社会福利完善。同时，强化'农业+孵化器'作用，坚持一二三产业融合发展，以企业为主体引进高精深农业科技项目，带动村集体经济组织创业创新，不断延伸农业产业链，提升农业附加值。"辛晓红计划将项目二期建设的民宿设为长租制，通过吸引退休教授等文化人才在乡野定居，“引得凤凰来”，让村民在相处中与文化人才结为朋友，为乡村振兴发展注入智力资源。

资本、智力下乡，激活了美丽的“童话沟”，讲述了蓝田乡村振兴的好故事。蓝田县农业农村局有关人员介绍，蓝田围绕产业兴旺、生态宜居、乡风文明、治理有效、生活富裕的总要求，把乡村振兴和脱贫攻坚结合起来，成立了乡村振兴领导小组，制定出台了《乡村振兴三年行动方案》。在山区发展食用菌，在横岭发展奶山羊，在川塬发展设施蔬菜，形成“一镇一业”的发展格局。

推进桐花乡约项目实现了区域内经济发展方式的转变，生态环境得到极大改善，农村产业形态更加多元，村集体经济发展壮大，农民收入持续增加，文明新风尚形成，社会和谐稳定。

抱起团来兴产业

——广西贵港市港南区扶贫产业联创发展观察

龙　成　刘志宁　谭天力

地块分散、村落散居、产业结构不健全，贫困地区如何用好“散”的分布特点做出产业规模的脱贫效益，是扶贫产业发展的一大课题。

近年来，广西贵港市港南区通过新型经营主体或产业基地（园），将50个贫困村聚散为整，抓住特色产业的“牛鼻子”，以入股分红、土地流转、产业基地务工、产品收购等方式带动贫困户增收，实现产业覆盖到村、措施精准到户、技术培训到人，让贫困群众在产业发展中找到自身的致富路。

稳固特色扶贫产业基础

天刚放亮，勤劳的宋炎秀手拿蛇皮袋来到香瓜种植地里，摘瓜、洗瓜、装车、卖瓜……开始了他一天的工作。宋炎秀是港南区新塘镇万福村贫困户，早几年儿子出了车祸，由于要照顾儿子，没时间和精力从事生产，家庭一下子陷入困境，被精准识别为贫困户。

“村委优先为我供应香瓜瓜苗，联系机耕队翻耕土地，又教我们怎样种植，我觉得很有希望。”宋炎秀说起今年种瓜时的情形，满怀感激。

今年开春，面对严峻的疫情防控形势，在驻村工作队和村干部的帮助下，宋炎秀决定把种植面积扩大到6.5亩，以增加经济收入。

“香瓜种植，富了我的生活，以后还要继续种植香瓜，带动更多人致富。”宋炎秀自豪地说。“今年带动50多户贫困户参与种植香瓜800多亩，收入达320多万元，下一步要继续做好香瓜产业文章，打响万福香瓜品牌。”万福村第一书记蒙育琨满怀信心地说。

一把红蓝相间的遮阳伞插在青翠的甘蔗地里，木格镇班凤村脱贫户张焕平一边挥铲给白玉蔗培土一边说：“种植白玉蔗让我脱了贫，现在的日子过得比以前好多了。”

“张焕平凭着吃苦耐劳精神，不等不靠，依靠种植白玉蔗富起来，成为村里的脱贫致富标兵。”驻村工作队队员李俊夏说。几年前，他家有三个小孩都在上学，张焕平负担很重，被识别为因学致贫的贫困户，在帮扶干部的鼓励与支持下，张焕平连年种植白玉蔗20亩左右，年收益可达10多万元，种植白玉蔗当年便脱了贫。

“近年来，港南区依托富硒资源优势，因地制宜培育发展具有特色的白玉蔗产业，每年种植面积接近4000亩，年产量3.2万吨以上，产值4000多万元，通过面向贫困户推广种植、吸纳贫困户到蔗地务工、土地流转有收益等途径，有效地稳定了贫困户的收入，巩固了脱贫成果。”港南区相关负责人说。

今年以来，抓好特色产业培育，重点发展了优质稻、柑橘、中药材、鸡、猪、鸽、笋“5+2”特色产业项目，目前全区产业覆盖率97.8%，覆盖贫困户7755户，覆盖率均达98%以上。

产业联创促使多方受益

选准了特色产业，如何解决产业小、散、弱的问题？港南区将产业发展与联合创业结合起来，贫苦户抱团发展，脱贫更加有劲头。

2019年初，该区建立的木格镇蔬菜种植联创基地，以土地和资金入股的方式，联合和平、木格、云垌、寿莫等村进行产业“联创”。几个村庄共同采取立体种植模式发展大棚果蔬，利用早熟、晚熟农作物的不同特征，采用滴灌技术在果树下套种萝卜、生姜、芹菜等低矮作物，不仅提高土地利用率，还省时省工。目前，基地立体种植果蔬的大棚已经有12个，产量比普通种植提高了30%—40%。

2017年，新塘镇湖表村“80后”村支书梁敬旺带领村“两委”一班人，尝试养殖白鸽，当年就出栏乳鸽5000羽，实现产值6.5万元。产业发展初步成功，新塘镇开始引导5个贫困村和3个非贫困村与湖表村进行产业“联创”，整合资金200多万元，扩建鸽舍，通过“基地+村民合作社+贫困户”的模式，实行“统一养殖、统一管理、统一销售、统一分红”的模式。

新塘镇有关领导介绍，由于养鸽产业生产经营稳健，近年来就继续扩大规模，目前引导了19个村民合作社投入资金201.8万元，吸纳该镇1009户贫困户参与，平均每户贫困户拥有10对左右的种鸽，年出栏乳鸽150羽以上。

木格镇是港南区产业联创发展的一个缩影。木格镇大力发展富硒水稻、白玉蔗、果蔬种植等特色农业扶贫产业，推动村集体经济抱团联创，加快产业振兴共建“造血”。

据悉，2019年初，木格镇和平村、木格村、寿莫村、云垌村采取联合发展的方式，引进了贵港市优家汇生活超市有限公司，在四个村里共计流转土地200多亩，“抱团”发展大棚果蔬立体种植，并创立了木格镇立体种植联创基地。

木格镇立体基地突破了土地、项目、资金、资源等瓶颈，按照统一规划、统一建设、统一经营、产权清晰、收益统一分配的模式运作，形成“村种+企销”发展机制。

港南区林业局派驻木格镇和平村工作队队长梁程说："通过招商引资，2018 年该村引进了广西格格红现代农业有限公司发展种植富硒水稻 500 亩，2019 年引进贵港市优家汇超市发展 200 亩果蔬基地的种植。今年村里计划在产业基地里发展林下盆栽，目前已试种了 1000 多盆。现在就是想方设法加快村里产业结构优化，稳固脱贫攻坚成果。"

截至 7 月底，该区实施村级集体经济"产业联创"项目 17 个，涵盖 92 个行政村，占比达 55.1%，年增加村集体收入 480 多万元，助推脱贫攻坚跑出加速度。

科技培训提升脱贫能力

今年 3 月，港南区召开 2020 年度"一户一册一卡"业务培训会议。区扶贫移民局负责人对驻村干部和工作队员如何抓好产业扶贫进行了重点讲解。

该负责人说："在扶贫产业发展过程中，我们通过多种措施，规范和促进了产业的健康发展。同时，我们从驻村干部到经济能人和贫困户发展产业都会进行专门培训，做到因地制宜、因户施策，特色产业'一把钥匙开一把锁'，打通服务产业发展'最后一公里'的瓶颈。"

据了解，港南区在建立贫困户产业指导员制度基础上，还印发了《2020 年港南区产业扶贫大培训活动方案》，进一步加强对贫困户的培训。

在和平村产业扶贫集体经济种养基地，150 亩茂谷柑、30 亩三华李、20 亩脆皮橘均长势喜人。村民韩亚飘已在 2019 年顺利实现脱贫，当天正和十几名工人在基地里除草。"通过政府对我们的培训，现在手里有技术了，每天有空就来这里做工，一天 70 块钱，一个月有 1000 多元，多了一份稳定收入。"韩亚飘高兴地说。

据港南区委有关领导介绍，他们在引导各村产业“联创”的过程中，集中力量办大事，强化科技培训，为发展村级集体经济和促进贫困户增收提供了一个新的范本。

据统计，截至 7 月底，港南区开展了 14 期产业扶贫培训班，培训主要涉及政策宣传、种养技术指导、销售等方面内容，累计培训 486 人次。其中，共选聘了 324 名有经验者为贫困户产业发展指导员，并且产业指导员开展工作累计次数 964 次，累计帮扶贫困户 5308 人次。同时，对 50 个贫困村共选派 23 名贫困村科技特派员，包村联户，组织集中开展专业技术服务，帮助种植养殖户解决生产中的技术难题。

为高原脱贫攻坚注入“阳光动力”

——国家电网青海省电力公司创新光伏扶贫模式

姚　媛

在青海省果洛州玛多县城以北约2公里的玛拉驿村，119亩的土地上，14400块单晶硅电池板组成的光伏电板，整齐地伫立着。这是国家电网青海省电力公司（以下简称“国网青海公司”）为玛多县11个贫困村捐建的光伏扶贫项目——装机容量4.4兆瓦村级光伏扶贫电站，惠及玛多县11个贫困村、621户贫困户、1774名贫困人口，户均年增收5200元以上。

国网青海电力大数据中心工作人员正在监控绿电相关数据

这是国网青海公司开展光伏扶贫的缩影。青海省有发展清洁能源的天然优势：太阳能资源约占全国的11%，水电理论蕴藏量2187万千瓦，风能资源年利用小时在1000至2300小时。

“将可再生能源开发利用，把收益‘输血’给贫困村、贫困群众，促进其‘造血’能力的形成，是开发式扶贫的重要方式之一。”公司扶贫办主任李炳胜介绍，“近年来，国网青海公司不断创新光伏扶贫模式，从基建、技术、交易等方面强化支撑，切实将清洁能源优势转化为脱贫攻坚的重要动力，为精准扶贫与生态文明建设有机结合开辟了新途径。”

收获阳光　种下“摇钱树”

家住玛多县扎陵湖乡多涌村的建档立卡贫困户尔金次排是玛多县4.4兆瓦村级光伏扶贫电站的受益者。2019年，他们一家四口拿到了电站收益分红4988元，村里还给尔金次排提供了一份公益性工作岗位，负责清扫电站的光伏板，每年能收入2400元。

玛多县是国家电网公司的定点扶贫县，海拔在4500米以上，高寒缺氧，年均气温仅-4℃，自然灾害频发，是青海海拔最高、条件最艰苦、气候最恶劣的贫困县。与此同时，玛多县位于三江源国家自然保护区核心腹地，是黄河流经第一县，生态地位突出。

这是青海省很多贫困县面临的共同问题：由于自然条件恶劣、交通不便、信息相对闭塞等因素，扶贫产业发展难、见效慢。既要保护生态，又要让贫困群众稳定增收、脱贫致富，出路在哪里？

充足的日照就是脱贫源源不竭的动力。2016年，国网青海公司投资9282万元，在光照资源充足、电网接入条件相对优越的格尔木市，建成国内首个异地模式的10兆瓦扶贫光伏电站，于2016年5月投产发电。2016—2018年，电站累计上网电量4584万千瓦时，共捐赠玛多县扶贫资金1240.65万元，用于发展壮大村集体经济和设置公益岗位，惠及1144户贫困户，年均增收3300元以上。

2018年，国网青海公司投资3200万元，捐建玛多县4.4兆瓦联村光伏扶贫电站，于2018年10月12日在青海省率先并网发电。据李炳胜介绍，电站创新“一组一平”工艺，年发电利用小时数达1700小时，比全省光伏扶贫电站的平均年发电利用小时数提升近200小时。电费加上补贴，电站年发电产值达540万元。

“目前，青海全省已建成村级光伏扶贫电站733.6兆瓦，共支付电费4.14亿元，支付国家补贴5.83亿元，覆盖39个县（市区）1622个贫困村，惠及建档立卡贫困群众7.75万户，占全省贫困人口50%以上，使每村年度增收达到36.7万元。”公司扶贫办副主任伊有福说，“光伏扶贫电站的稳定收益期长达20年，堪称让贫困群众长期稳定、获得感强的‘摇钱树’。”

畅通发电 “绿色通道”

随着光伏电站规模的不断扩大，管理效率低、运营成本高，电费结算、受益分配情况管理难等问题日益凸显，影响了光伏扶贫成效的进一步提升。

“光伏发电的波动性、随机性，导致电网安全运行和新能源消纳压力日益增大；青海省地域辽阔，总面积达72万平方公里，新能源电站点多面广，大都分布在海拔3000米以上的戈壁荒滩，自然环境十分恶劣，造成电站管理效率低下、运营成本增加；电站与电站之间、企业与企业之间存在数据壁垒，产业链条尚未贯通，数据价值尚未充分挖掘。”伊有福介绍说。

对此，国网青海公司建成全国首套省级光伏扶贫运营管理系统，实现对光伏扶贫电站信息远程监控、故障预判、数据运营，逐步走向智能化、专业化、集约化，保证扶贫光伏电量全额消纳，降低电站运维成本 40%以上。

平台可实时查询全省扶贫电站装机容量、实时发电量、发电收益预测数据和电站运行情况，扶贫电站从建设到运营，实现全过程管理和智能化运维。通过集中监控、设备智能化诊断分析，每个电站的常规运维人员从 7—8 人减少到 2—3 人，实现“无人值班、少人值守”，每年节约电站运维成本 2000 万元。通过大数据挖掘分析，可全面掌握光伏扶贫项目的收益和所带动的扶贫人口、评估贫困户生活改善等总体成效。

清洁能源的发展，离不开大电网的支撑。2019 年，国网青海公司联合青海省扶贫开发局开展“光伏扶贫百日攻坚行动”，累计投资 2.16 亿元建设输变电工程，保证所有光伏扶贫电站于 2020 年 6 月 30 日前并网发电。

加快外送通道建设，是清洁能源资源转化的关键。2018 年底开工建设的青海—河南 ± 800 千伏特高压直流工程，起始于青海省海南州，途径青海省、甘肃省、陕西省、河南省，终点为河南省驻马店市，线路全长约 1587 千米，是我国首条以输送新能源为主的特高压输电通道。工程已于 2020 年 6 月启动送电，全面投产后每年将输送清洁能源 400 亿千瓦时。

近年来，国网青海公司进行了一系列大胆的创新、实践，清洁能源发电实现了全部消纳。

2019 年 6 月，国网青海公司进行“绿电 15 日”创新实践，创下连续 15 天 360 小时青海省内所有用电全部使用清洁能源供电的世界纪录。

今年8月16日，“绿电三江源”百日系列活动取得成功，连续100天对三江源地区16个县和1个镇全部使用清洁能源供电，其间连续31天对青海全省全清洁能源供电。

助力“一江清水向东流”

在青海省海东市互助县班彦村，走进村民吕有荣家中，吕有荣热情地说：“家里通上了稳定的动力电，电网维修都在白天，再也不用担心晚上断电了。村里建起了2兆瓦的光伏扶贫电站，每户每年能有2500元分红。”掀开老人的床铺，薄薄的毛毯下，是国网青海公司出资发放的碳晶合金电热板。班彦村的采暖季从每年10月15日持续到次年4月15日，长达半年之久；使用电热板取暖，每月电费仅需要30多元，是普通电热板用电成本的三分之一。

班彦村边，由国网青海公司投资199.3万元建设的光储污水一体化处理示范项目正在运行，解决了129户村民的污水处理问题。污水处理站用电全部来自光伏发电，多余的电量还可并网发电。据李炳胜介绍，这是青海省第一座“清洁能源+储能技术供电”污水处理项目，可日处理污水60吨，排放的水质达到一级B标准。

此外，国网青海公司还在班彦村实施旱厕改水厕、“柴改电”电能替代等示范项目。李炳胜说，节能减排、环保卫生，班彦村现在的面貌，就是今后高原新农村的模样。

玛多县民族寄宿制中学九年级三班的学生尼杰今年17岁，从最原始的用牛粪生炉子到煤暖气，再到如今使用的电暖气，她经历了三种取暖方式的转变。“以前学校用煤锅炉取暖，温度常常上不去，到了冬天窗户都不敢开，现在用上了电暖器，可以自己调温度，现在可以安心读书写字了。”

2017 年，国网青海公司在玛多县试点，建成全国首个高寒高海拔清洁供暖示范项目，拉开了玛多县创建“无煤化”清洁能源示范县的序幕。

“此举践行了‘绿水青山就是金山银山’的理念，是扶贫开发与生态保护协调发展的生动体现。”伊有福介绍说，近年来，国网青海公司在玛多县实施清洁能源替代和三江源地区煤炭减量化工程，推广电采暖、电烘干、电热炕等民生项目，有效改变了过去靠燃煤锅炉和牛粪取暖时，煤炭运输距离长、取暖成本高、污染严重的局面。目前，该项目已在青海省三江源地区的 16 个县逐步推广，有力保障了“一江清水向东流”。

缺资金缺技术没销路

——看沂南贫困户如何融入“壮产业”

吕兵兵　孙　雪

2018 年 11 月 19 日，在山东省临沂市沂南县蒲汪镇孙家拐头村村头的一处蔬菜大棚里，贫困户蔡增福打理着绿油油的黄瓜苗，满脸笑容：“俺今年全家能脱贫，就靠这个大棚。前段时间黄瓜的价格最高时到了 3.5 元钱，算下来俺今年这一个棚就挣了 4 万多元钱。现在种的这茬黄瓜，赶着春节上市，要是行情好，还能再挣个几万元。攒下这些钱，俺准备明年再建一个棚。”

贫困户王洪利与妻子在地头卖黄瓜

“色深条直、脆甜清香、营养丰富”的沂南黄瓜，是沂南农业的最大品牌，现在常年种植面积达 35 万亩以上，总产量 40 亿公斤，产值 64 亿元。沂南从事种植、销售、加工黄瓜的农户近 12 万户、30 多万人，产品畅销广州、上海、武汉、深圳、长沙、南昌等20多个大中城市……这是沂南推进黄瓜产业扶贫的“底气”。

“沂南黄瓜产业基础雄厚，市场稳定，销路有保障。推进产业扶贫，让贫困户通过劳动增收致富，沂南的做法是让贫困户融入黄瓜这个‘壮产业’，整合金融、技术、组织、销售等产业优势，确保贫困户能够产得出、销得旺，成为贫困户增收致富的‘绿色银行’。”沂南县扶贫办负责人说。

依托“项目＋金融”大棚建起来

扈西艳是辛集镇常胜庄村村民，2014年的一场大病，让她的丈夫——家里的顶梁柱丧失了劳动能力。她既要照顾病人又要供养学生和老人，家里也成了村里的贫困户。“我的家属没有劳动能力，但我有力气，可以干活，咱也不能老是这样穷下去，还有老人要孝敬，还有学生要供养。”在扈西艳倔强的脸上，充满了走出困境、脱贫致富的渴望。

2015年到2016年，村里不少农户发起成立了合作社，领着大伙儿建大棚，种黄瓜。由于沂南黄瓜品牌响，市场旺，当年就见了效益。看到别人通过种植大棚黄瓜挣钱后，扈西艳也想跟着干。然而，建一个大棚需要投入十几万，家中一贫如洗的扈西艳如何获得她这笔重要的“启动资金”？

镇扶贫办工作人员入户走访，了解到扈西艳的想法。很快，一份为她量身定做的扶贫方案出台了：免息扶贫贷款10万元，并委托专业公司提供建棚服务。就这样，2017年，扈西艳建起了大棚，并在合作社的技术指导和包销服务下，当年就赚了将近六万元。

据了解，扈西艳是沂南县众多“项目＋金融”扶贫受益者中的一个。自脱贫攻坚开展以来，沂南整合涉农资金，加大金融扶持力度，将项目资金通过整合、补助、贴息等方式使用，撬动“富民生产贷”“央行贷”“发展贷”“农户贷”等金融扶贫产品，充分放大了使用效应。截至2018年11月底，沂南累计利用财政专项扶贫资金2.31亿元，规划建设了316个特色产业项目，惠及贫困人口2.2万户3.8万人。2016年以来，发放“富民农户贷”1.4亿元，支持2175户贫困群众新上脱贫致富项目；为149家企业发放“富民生产贷”5.49亿元，11387户贫困群众受益，沂南县被列为全国扶贫小额信贷示范县。今年新推出“央行资金产业贷”，为40家企业发放1.61亿元，带动805户贫困户脱贫增收。

“新型经营主体 +”服务专业化

从事大棚黄瓜种植的贫困户，尽管有一定劳动能力，但往往不懂技术，不善管理，如何能够种好黄瓜？“推广‘新型经营主体 + 贫困户’模式，企业包种苗，合作社包技术，让贫困户全程享受专业化服务，这就是沂南的做法。”沂南县扶贫办相关负责人说。

“你看，这边是5个育苗大棚，这边是2个联栋温室，全部用来培育优质黄瓜种苗，不仅能够服务沂南本地，连黑龙江、河北及临沂周边的几个县区都订我们的黄瓜苗。这几年，我们还全面参与扶贫工作，为贫困户以成本价提供优质种苗，对有需要的还提供技术帮扶和市场销售等全产业链服务。”山东绿岛农业开发有限公司总经理说。

优质种苗，是做强产业的基础。沂南先后与天津德瑞特黄瓜种业有限公司、天津科润黄瓜研究所、中国农科院蔬菜花卉研究所、山东省农科院蔬菜花卉研究所开展战略合作，开展黄瓜新品种培育、优质高产技术集成推广，一系列抗逆、优质、高产黄瓜品种先后得到培育推广。目前，全县以黄瓜为主的蔬菜集约化育苗基地达 20 处，总面积 12 万平方米，全县蔬菜种苗繁育能力达 1.4 亿株。

从日常管理来说，合作社的技术员就是贫困户最亲密的战友。在苏村镇仕子口村贫困户徐志敏的大棚里看到，生物防治、植物补光灯、水肥一体化、玉米秸秆生物反应堆等技术设备，彰显出这里的科技实力。“在合作社的指导下，俺安装了新式卷帘机、水肥一体化等设备，采用了秸秆生物反应堆、二氧化碳气肥、病虫害绿色防控、土壤改良与修复、空间电场消雾杀菌促长等技术，不仅保障了黄瓜产量，口感还特别好。”徐志敏说。

“优质种苗加上专业化技术服务，为贫困户带来的是全程标准化生产技术，产出的黄瓜安全优质，很受市场欢迎。”沂南县蔬菜局相关负责人说。

“价格高地 + 市场服务”对接高端客户

“这两年黄瓜行情一直不错，平均每斤在 1.5 元到 2 元左右。而且，卖起来也方便，拉到市场上，客户都抢着要。”苏村镇道口村贫困户李增合说。

“收购的黄瓜经过装箱、打包以后，直接发送到长沙、广州、上海等城市，多的时候一天能发两三百万斤黄瓜。客户大多数都是这些年积累下来的老客户，有沂南本地的，有苍山、郯城的，还有上海、长沙、广州的。这几年，不仅传统销售渠道非常畅通，从超市和果蔬连锁店来的订单也特别多…… ”鲁中蔬菜批发市场经理李洪志说。

据了解，苏村镇是黄瓜种植大镇，建有鲁中蔬菜批发市场和苏村蔬菜批发市场两个专业市场。

因此，苏村的贫困户说起种植大棚黄瓜，从来不会为卖不出去而担心。目前，沂南已建有黄瓜批发市场80多处，总占地面积30万平方米，从业人员8000多人。

而且，近年来，随着沂南黄瓜品牌越擦越亮，既好看又好吃的沂南黄瓜深受销地市场欢迎，不少沂南黄瓜种植合作社和经销商开始对接高端客户，用更高的价格收购优质黄瓜。“咱们合作社注册了‘京庆味道’商标，通过了绿色食品认证，现在都是按照客户要求组织订单生产，价格始终比市场价高出0.5元。”在依汶镇南栗沟村，京庆农业开发合作社理事长刘京庆说。

合作社的贫困户社员陈泉德说得实在：“跟着合作社，按照人家要求种，咱都不用出门，黄瓜就被订走了。咱建起了大棚，加入了合作社，跟着这个好产业，只要咱踏踏实实干，别说脱贫了，眼看着咱就能奔小康。”

产业开花　农民收果

——江苏滨海激发内生动力带民增收纪实

陈　兵　胡亚萍　魏　为

依托20家农业龙头企业和65个农民合作社，带动低收入农户3720户；全年累计脱贫3.53万户8.75万人，脱贫率83.7%，贫困率降至1.87%；化解村级债务1.51亿元，20个省定、91个市定经济薄弱村提前“摘帽”……2018年，江苏省滨海县脱贫攻坚工作可谓收获满满，达到了退出省重点帮扶县标准。

近年来，滨海县聚焦“两不愁三保障”脱贫目标，以提高脱贫攻坚实效为导向，以产业扶贫为引领，坚持“输血”与“造血”并举、“扶贫”与“扶智”“扶志”并重，尽锐出战，科学施策，确保脱贫对象精准到“一个不少、一户不落”，走出了一条具有滨海特色的精准扶贫新路径。

每个农场都有保底收购

“年前把家里的十几头羊卖给了炳忠山羊合作社，一下赚了2万多块呢！”滨海县五汛镇青龙村一组村民皋科洋说，他们全家现在生活得有滋有味，不仅因为养羊赚了钱，更因为找到了一个长效的脱贫致富项目。

养山羊发“羊”财，皋科洋仅是滨海县实施低收入农户点对点精准扶贫的受益者之一。“我们合作社采取‘公司＋合作社＋农户’的经营模式，对皋科洋在内的26个村575户低收入农户每户发放2只母羊，并统一配送饲料、防疫配种、收购销售。”合作社理事长马炳忠说，两只母羊每年生产两次，每次产1—2只羊崽，一年至少可为低收入农户带来4000元的收入。

治贫重在发展产业。滨海县因村制宜，大力发展林果经济、四青蔬菜、设施农业、特经作物、畜禽养殖五大扶贫产业，切实带动农户脱贫、村集体增收。今年，全县将在去年实施产业扶贫到户项目1.1万个的基础上，确保年内建成特色种养扶贫产业基地50个以上，实施到户产业项目超过5000个。

走进滨海县胜农家庭农场种植基地，处处一派生机盎然的景象。“以前，我们种植的是西瓜、辣椒和甜玉米等，亩均效益3000元左右，去年改种甘蓝和有机花菜后，亩效益提高了1000元左右。”农场负责人董志左介绍说，农场全部实行订单式种植、保底式收购，不仅效益可观，还吸纳40多名低收入农户进场务工。

据了解，聚力精准帮扶，滨海县正以特色基地、合作组织、龙头企业、家庭农场等为载体，通过股份合作、直接参与、间接务工等途径，在推进产业扶贫中建立更加紧密、长效的联农带农机制，既扶贫，又扶志，不断激发低收入农户竞相脱贫的内生动力。

每个经济薄弱村都能参与分红

“光伏发电项目每年可为村集体增加10万元收入，它就像在屋顶上装了一台‘提款机’，只要出太阳，‘提款机’就开动。”滨海县坎北街道吕滩村党支部书记吕金城形象地介绍起光伏扶贫的意义。一手拿租金，一手领分红，近年来，光伏项目与扶贫、农业的有机融合，让吕滩村尝到了项目强村的甜头。

去年以来，滨海县以实施“村级集体增积累两年行动计划”为抓手，重点针对经济薄弱村集体经济发展滞后的短板，大力实施产业扶贫＋资产扶贫“双产叠加”强村模式，多举措、全方位增加村集体收入。

具体措施上，滨海县持续强化“一村一策”，结合土地整理等项目实施，引导有条件的村独资或联合农户参股开发特色农产品种养基地、发展休闲观光农业；利用集体非农建设用地、集中居住区建设等土地，建设光伏、仓储、公租房等物业项目，发展物业经济；植根资源和区位，兴办服务实体，开拓服务领域，为政府、企业、集中居住区等提供后勤保障、外包服务；等等。

为解决村集体本级资金投入不足的难题，去年，滨海县整合资金 3.3 亿元注入国有平台公司，按每个经济薄弱村 18 万元的标准进行差额配股，通过项目实施、经济薄弱村参与分红，促进村集体收入稳定而持续。

借力配股分红，滨海县在去年实现省定、市定经济薄弱村脱贫，化解村级债务 1.51 亿元的基础上，今年将继续实施配股到村项目 100 个，确保所有村年经营性收入稳定达到 18 万元以上，年内将剩余的 4897 万元村级债务全部化解，实现镇村无债务目标。

每次帮扶成果都要上传 APP

滨海县各县直单位及镇区、街道 2000 多名党员干部、公职人员按例进村入户，到各自包干的经济薄弱村和贫困户家中开展结对帮扶，帮扶成果还要及时上传至手机 APP 平台，以便互相交流、互相监督。

整合帮扶力量，压实帮扶责任，滨海县出台了一系列制度和办法，包括创新构建“1+3”清单式帮扶责任体系，县四套班子成员分别挂钩镇区，兼任村“第一书记”，每人结对3户低收入农户，并定期开展巡察，发挥示范带动作用。明确农业农村、工信、审计等部门安排专人从事产业扶贫开发工作，各镇区配备3名以上专职业务人员，各村明确1名扶贫专干、村民小组落实1名扶贫联络员，不断增强扶贫一线的战斗力。

脱贫攻坚工作涉及面广、系统性强。对此，滨海县要求全县所有参与扶贫的党员、干部强化问题意识，坚持问题导向，整合力量，全力解决扶贫脱贫领域突出问题，高质量完成脱贫攻坚任务。全县一方面大力营造规范有序、公平公正的扶贫开发环境，借助县“三资”信息管理平台功能，促进村内党务、村务、财务，资金、资产、资源公开透明，确保扶贫开发工作高效推进、阳光运行。

另一方面，在省扶贫办巡视反馈的五方面问题基础上，全县以点带面、举一反三，深化“113”等扶贫领域专项整治，共发现“五签字五确认”手续有缺失、项目带动低收入农户收益不足等问题585个。针对排出的问题，县、镇分别制定问题清单、责任清单和整改清单，限期整改销号，即知即改、立行立改，目前问题整改率达95%以上。

眼下，滨海县按照年初召开的脱贫攻坚誓师冲刺动员大会既定目标，正重点聚焦未脱贫的0.6万户、1.7万人和未达标的41个市定经济薄弱村、103个县重点帮扶村，重抓产业扶贫，推进立体帮扶，完善县镇村组四级贯通、会办通报督查考核奖惩“五位一体”组织体系，签订责任状，实行倒计时，确保低收入农户精准脱贫、经济薄弱村如期摘帽。

河南省内乡县创新实施“5+”扶贫模式

——产业“龙头带” 脱贫“跑得快”

张培奇 范亚旭 樊 珂

素有“七山一水二分田”之称的河南省内乡县是国家级贫困县，属于秦巴山区集中连片特困地区，全县88个贫困村、15998贫困户、贫困群众44142人，贫困人口遍布16个乡镇，涉及283个村。致贫原因多样，其中因病、因残、无劳力而致贫的占70%以上，让内乡县的脱贫任务异常艰巨。

如何在有限的自然条件下快速实现贫困户增收脱贫？近年来，内乡县坚持“长短结合、以短养长”，充分发挥牧原集团龙头企业带动优势，政府组织协调优势以及金融机构融资优势，创新实施了“党委政府 + 合作社 + 龙头企业 + 金融 + 贫困户”“5+”扶贫模式，真正实现贫困户、金融机构、龙头企业、政府等多方共赢的局面。截至目前，“5+”扶贫模式已成功复制到全国13省38县，惠及32万贫困人口。

农民变股东 年年有分红

牧原集团作为以生猪养殖为核心业务的国家级农业产业化重点龙头企业，下属120余个公司遍布全国17个省（市、区），养猪规模居全国第二、全球第三；旗下牧原股份总市值超千亿元。党的十八大以来，该集团坚持把企业发展战略快速融入国家战略，把党的号召落实到具体行动之中，积极整合各种优势资源，创新推进企业脱贫攻坚。

内乡县聚爱农牧专业合作社正是牧原集团与内乡县政府共同创新实施的一种“党委政府＋合作社＋龙头企业＋金融＋贫困户”“5+”扶贫模式下的产物。“其具体方法就是，企业联合政府引导贫困户自愿加入‘聚爱合作社’，利用国家对每一贫困户5万元的小额扶贫贷款政策，获得国家开发银行河南省分行、农信社、邮储银行等金融部门的贷款支持，合作社集中贷款建设现代化养猪场，牧原利用自己的技术、设备、人才、管理等优势租赁猪舍养猪，合同确保每户贫困户获得每年3200元的分红，且收益期为10年，到期后由牧原还本付息并收购猪舍。此外，有正常劳力的贫困户还可以到养殖产业链企业就业，获得每年5万元左右的工资收入，即使非完全劳力者，也可在企业设置的公益岗位上就业而每年获得2万元左右的收入。”内乡县扶贫办负责人介绍，“贫困户参与‘5+’扶贫模式，每年有了固定收入，基本生活能得以保障。”

在“5+”扶贫模式带动下，内乡县贫困户从聚爱合作社内喜领分红

2016年9月20日，内乡县聚爱农牧专业合作社暨国开行扶贫贷款合同签字仪式举行，这标志着由内乡县人民政府、牧原集团、中国人民银行南阳分行、国家开发银行河南分行、内乡农商行共同探索下的“5+”扶贫模式在内乡正式落地。2016年底，这一模式为首批入社的1735户贫困户带来了第一笔“入股分红”，共计138.8万元。

马秦香是内乡县王店镇马沟村的贫困户，她的丈夫因病去世，自身又残疾干不了重活，还要抚养正在上初中的女儿。“那段日子，过得真是艰难。”马秦香说，“家境的贫困，一度让自己对生活失去信心。”

2016年9月，在当地政府的引导下，马秦香加入了聚爱农牧专业合作社。“现在每个季度能得到800元分红，可以连续分红10年。牧原公司还为我量身定做了为运输车辆消毒的轻体力公益性岗位，每月有2000元的工资，现在俺家的日子越过越红火，多亏了党和政府的好政策！”有了党和政府的关怀，有了优厚政策的关照，马秦香再次看到了生活的希望。

“输血”到“造血” 收益有保证

“之所以引入合作社，就是为了保证扶贫贷款资金的使用安全。在10年收益期内，以农户扶贫贷款建设的养猪场固定资产的产权属于合作社，牧原集团以产权租赁的形式使用合作社资产并支付租金，这便可以有效地将企业的经营风险与扶贫资金的使用安全进行隔离。而这种隔离，在保障了扶贫资金使用安全的同时，也大大降低了金融机构的贷款风险。”内乡县县领导这样解释。

在牧原集团带动下，“5+”扶贫模式在内乡县迅速推广。“‘5+’模式已实现对内乡15998户建档立卡贫困户的股金分红的全覆盖。截至目前，聚爱合作社已经累计向贫困户发放分红10个季度，金额达

10906.88 万元，带动全县 14600 多人实现脱贫。”牧原集团总经理秦军说。

除股金分红以外，贫困户还可以将土地流转至企业、直接到企业就业、服务融入产业链，获得租金、薪金、产业收益。“这样，有正常劳力的贫困户可以到养殖产业链企业就业，获得每年 5 万元左右的工资收入，即使非完全劳力者，也可在企业设置的公益岗位上就业而每年获得 2 万元左右的收入，不仅让贫困户摘了帽子，还能鼓起了腰包。”县扶贫办负责人介绍，大部分贫困户利用收益，发展个体种、养殖，实现由“输血”到“造血”的转变。

不仅如此，内乡县还引导贫困群众参与产业发展，实现在产业链上增收致富。牧原集团以高于市场价的价格收购贫困户收获的玉米，2018 年，全县 198 个村的 5290 户贫困农户向牧原公司共销售玉米 1538.1 万斤，获得收购资金约 1500 万元，让贫困户再增收一笔。

“贫困户通过获取金融资源，与优势企业合作形成资产，同时以企业和政府增信形成有效风险隔离，从而贫困户稳定分享优势企业成长的红利，这就是‘5+’扶贫模式的资产收益逻辑，用有形之手遵循市场规则办事，引入了共享经济理念，产生的效果多方共赢。”县领导对“5+”扶贫模式有着独到的见解。

实现“五个赢” 发挥最大效益

据介绍，“5+”扶贫模式构建了政府支持、企业带动、金融助力、合作社主导、贫困户参与的多层联动产业帮扶新机制，真正实现了“五个赢”。

实践中表现，一是贫困户赢在几乎不承担任何风险，就持续获得稳定收益，既有保底收入，减轻生活负担，又给自我发展提供了资金积累，增强了内生动力；二是合作社赢在实现实体化运营，带领群众增收有项目，共同发展壮大有基础；三是参与扶贫的龙头企业赢在既承担起社会责任，回馈社会，也获得了金融扶贫政策释放的红利，在企业发展关键节点得到支持，其中，牧原公司通过与合作社深度合作，既保障资金安全及贫困户利益，又拓宽了资金来源渠道，扩大了生产规模，2018 年，出栏生猪 1100 万头，实现营业收入 133 亿元；四是金融部门赢在获得正常贷款业务收益，经营成本降低，贷款风险也得到有效控制；五是政府赢在有了完成脱贫攻坚任务、顺利实现脱贫摘帽的信心，且有效整合了县域金融资源、财政资金和优势产业，形成“抓金融促产业、抓产业活金融”的良性循环。

鉴于“5+”扶贫模式取得的良好成效，自 2016 年在内乡县率先落地之后，牧原集团又陆续与众多政策性金融机构、央企扶贫基金、农村金融机构、全国性商业银行、保险公司等开展合作，整合扶贫金融资源，助推这一模式在全国范围内快速复制。在精准扶贫中，内乡“5+”扶贫模式充分发挥了龙头企业突出的“实用”“实效”作用，目前，“5+”扶贫模式已推广至黑龙江、安徽、内蒙古等全国 13 省（区）38 个国家级和省级扶贫开发工作重点县，精准带动 12 万户建档立卡贫困户、32 万贫困人口逐步实现脱贫。

产业扶贫如何长效

——浙江“蓝莓扶贫模式”观察

蒋文龙

2019年6月20日，来自四川各地的200余名代表，前往巴中市通江县参观考察龙池谷蓝莓产业园。在骡子坡和朽石坎两个基地里，紫色的蓝莓沉甸甸地挂满了枝头。这种其貌不扬的蓝莓，每亩产量能达到2000到5000斤，按20年投入与产出测算，每年每亩原料果净收益达6000元以上。

这是按照最保守的口径：每亩产量2000斤、最低收购价每公斤10元计算，还不包括鲜果销售、休闲采摘等收入。代表们听后，异常兴

游客在采摘蓝莓

奋，表示要马上将这一模式引回当地，帮助贫困户脱贫致富。

在农产品普遍过剩的今天，怎么还有一种产品不仅高产，而且高价；不仅有人供种，还负责全程技术指导；不仅最低价全部保障收购，而且提供金融服务？这种好事，究竟是怎么回事？

东西对口　浙川携手

原来，浙江和四川是东西对口扶贫省份。2018 年 10 月 18 日，两省供销社签署战略合作协议，决定从蓝莓产业切入，打造“蓝美 1 号”原料基地、育苗基地、休闲采摘基地、蓝莓冻果和衍生品加工销售在内的蓝莓全产业链，以此作为产业扶贫的重要抓手。

一个月后，四川省蓝之美农业科技有限公司（以下简称“蓝美公司”）正式成立。该公司由浙川两省供销社共同投资，注册资金1000万元。根据计划，公司将用三年时间，在四川建设 20 万亩“蓝美 1 号”原料基地，可解决4000人长期就业，帮扶60万人脱贫增收。同时，该平台计划配套建设 10 条蓝莓冻果生产线，预计可提供约 2000 个就业岗位，每年为地方财政贡献约 2.5 亿元税收。

2019 年春节前，在四川北川羌族自治县敏溪村蓝莓产业示范园内，两地领导宣布蓝莓产业扶贫项目正式开工，并共同种下蓝莓树。

为了推进该项目，浙江省供销社主任邵峰数度飞往四川。这个曾经担任浙江省扶贫办主任多年的学者型领导，希望通过蓝莓产业的扶贫，探索出一种能够持续有效的扶贫模式。

在这一模式中，共建共享的合作经济理念体现无遗：一是合作共建种植基地；二是合作兴办加工企业；三是合作拓展销售渠道。

从此，蓝美公司快速发展：与四川供销社下属企业共同出资组建平台公司——四川蓝之美，依托该公司实施全省蓝莓产业扶贫项目；在贵州麻江，依托县国资公司——麻江县农文旅，合作推进蓝美产业扶贫项目；在安徽怀宁，与安徽独秀山蓝美合作组建平台公司——安庆蓝之美。

据不完全统计，蓝美公司目前已经与四川、贵州、安徽、江西、湖南、河南、河北等8个省的数十个县政府合作开展产业扶贫。仅四川和贵州两省，今后三年内，就将发展蓝莓基地20余万亩。如骡子坡基地，规划建设2000亩，已经建成800亩。村民通过土地流转、园区务工、效益分红，可以获得三大收入，目前带动93户贫困户实现人均增收1380元，全年可实现人均增收1860元。正式投产后，预计可实现贫困户人均增收3500元以上。

几点启示

浙江“蓝莓扶贫模式”尽管启动不久，但从初步运行的结果来看，它属于可持续发展的产业扶贫模式，给人诸多启示。

选准产业是前提。一要符合绿色健康发展理念，具有较大的成长性；二是产业链条要足够长，加工用途要广，市场容量要大，经济效益要高，产能消化要快；三是具有较高的科技含量，高产稳产；四是适栽范围广，适种人群多，种植管理简单，产业服务周到。

农民合作是基础。现阶段，我国扶贫已进入攻坚阶段，剩余贫困农户不仅缺资金、技术，更缺知识、能力，仅依靠一般的帮扶和自身的努力，难以实现脱贫。必须将贫困农户组织起来，让贫困农户加入合作社，在能人带领下实现脱贫，形成“政府帮扶合作社发展、合作社带领贫困户增收”的“合作扶贫”。

公司带领是关键。现阶段，无论是农户、合作社还是小微企业，其组合资源、发展生产、对接市场的能力，均难以适应现代农业和市场经济发展的要求。必须要有较强实力的龙头企业，带领和服务合作社、小微企业等，发展生产、加工、销售，形成全产业链发展格局。

利益共享是核心。合作共建、利益共享是产业扶贫必须遵循的基本原则。在产业扶贫中，不仅要以合作社形式将贫困户组织起来，而且要以农业产业化联合体、农旅综合体等新型合作经济形式，打造贫困户、合作社、村经济合作社、龙头企业等主体共建共享的全产业链利益共同体。

政府支持是保障。只有政府带头大力扶贫，社会各方才会积极参与扶贫。而且，政府和社会都需要转变扶贫方式，将扶贫资源重点用于带动主体上，并将扶贫资源折股量化为扶贫对象持有的股份，让扶贫对象拥有约定分红收入、实现增收脱贫。

“5+2”特色产业富民增收

姚 媛

四年前，广西畅正生态农牧科技有限公司的董事长第一次来到来宾市兴宾区五山镇黄埠村时，看到的还是一片荒地。由于山路难走，农民耕作成本太高，黄埠村的山地大多抛荒，没有利用价值。

董事长却看上了这块“宝地”：“四面环山，生态环境好，没有污染，是理想的肉牛生态养殖的好地方。”最重要的是，兴宾区在贫困村实施了“5+2”特色产业发展规划，对因地制宜的扶贫产业进行“以奖代补”，良好的政策环境和资源禀赋吸引了畅正生态农牧科技有限公司在黄埠村发展肉牛产业。如今，一个现代化的生态养殖基地已经初具规模，肉牛存栏量达到 1000 多头。

兴宾区是来宾市唯一的市辖区，也是一个以壮族为主体的多民族聚居城区，总人口 110 多万人，其中农业人口约占 85%，人均耕地仅 2 亩多。农业人口比重大、土地稀缺，导致了兴宾区贫困人口总体数量较大的现实情况。

兴宾区共有 82 个贫困村，经过多年的努力，贫困发生率已从 2015 年的 6.3% 下降到 2018 年底的 2.97%。然而，目前还有 20 个贫困村、7775 户贫困户、约 2.8 万人没有脱贫，被确定为广西 8 个脱贫攻坚任务较重的非贫困县之一。

面临这样的现状，如何充分发挥产业扶贫的带动作用，让贫困人口尽快脱贫致富？兴宾区采取了“外引龙头 + 内培动力”的方式，一方面搭建良好的政策平台，引进有实力的企业，助力兴宾区发展特色扶贫产业；一方面整合扶贫资金，壮大集体经济，增强贫困村的内生动力。如今，兴宾区贫困村的特色产业覆盖率达到了 80% 以上，产业基础正在这片土地上牢牢扎下根来。

“好的政策，是扶贫产业生长的土壤。”兴宾区有关领导介绍，兴宾区根据自身特点，规划了“5+2”特色产业发展规划——“5”即糖料蔗、柑橘、优质稻、肉牛和桉树 5 个主导产业，“2”为茄果类蔬菜和土鸡养殖。每个贫困村可以在“5+2”产业中，选择 3 个作为特色产业，并根据地方实际，确定一个有一定规模和带动性的备选产业。对贫困村发展特色产业，实施“以奖代补”：对发展特色产业项目的建档立卡贫困户，预脱贫户、未脱贫户每户每年封顶补助 1 万元；脱贫户每户最高补助 5000 元；2014 年和 2015 年退出户每户最高补助 1000 元。

广西畅正生态农牧科技有限公司就是为了发展特色产业，由来宾市招商引资引进的龙头企业。

据董事长介绍，公司带动周边农民，从外地收购小牛育肥。以西门塔尔牛为例，买来 7—8 个月的小牛，育肥半年，能从 500 多斤长到 1000 多斤，以 20 元 / 斤的牛肉价格计算，农民养一头牛，利润能达到 5000 多元。“此外，公司收购牧草、甘蔗尾梢、玉米秆和稻草等，变废为宝，让农民二次增收。”

在五山镇马则村的五关富硒水稻产业示范区，三利湖畔，1600 多亩的稻田里正在进行“稻虾共生”“稻螺共生”生态养殖。

“土地有肥沃、富硒、方便排灌的优势，可是这样的优势要如何发挥出来？我们引进广西五关生态农业有限公司，与广西水产科学研究院、广西大学生态与旅游科学研究院、中科院水产生物研究所等科研单位开展技术合作，聘请桂建芳院士作为技术指导，注册了‘北回桂稻’品牌，走集约化、专业化、市场化、品牌化的发展之路。”五山镇有关领导介绍说。

龙头企业的入驻，也激活了贫困村村集体的收入。目前，通过土地流转、劳务用工，五关生态农业有限公司每年支付租金及务工费近100万元，马则村村集体每年的入股分红在10万元左右。通过统一技术标准，赊销苗种和饲料，共带动周边140户贫困户增收脱贫。

同时，兴宾区在发展壮大村集体经济，激活村庄的内生动力上下功夫。在财政资金极其紧张的情况下，兴宾区政府统筹整合涉农资金、东西协作资金、定点帮扶资金等4425万元，在82个贫困村统一发展光伏产业，引导53个“空壳村”“薄弱村”入股正大集团发展生猪养殖。

在兴宾区农民工创业园的屋顶上，铺满了一排排光伏电板。创业园的10幢楼，装机总容量为1.98兆瓦。从2018年7月份选址，到2018年12月竣工，兴宾区仅用6个月的时间，就完成了218个光伏安装点、166个户表、装机总容量6.15兆瓦的光伏项目。

“我们优先考虑村委、学校、工业园区等公共设施的屋顶，不占用耕地。兴宾区贫困村82个，每个村都建设有75千瓦的光伏扶贫发电项目，产权归属相应的村集体所有，预计每个村年收入能达到4万多元。”兴宾区有关领导介绍，“光伏项目建成后，可持续运行20年。根据这半年来的联网发电情况估计，全区光伏扶贫项目每年可产生收益360多万元，为82个贫困村带来了持续稳定的‘绿色’收入。”

截至2018年，兴宾区有劳动能力的建档立卡贫困户，特色产业覆盖率达92.84%；在82个贫困村，特色产业覆盖率均达到80%以上。与此同时，兴宾区大力扶植新型经营主体，2016年以来，成立农民专业合作社2035个，家庭农场285个。目前，每个贫困村都成立有一个农民专业合作社，培育有3名创业致富带头人，依托现代农业示范区，引进龙头企业，加快产业基地建设，带动周边贫困户发展特色产业。“因地制宜发展产业，已经成了兴宾区贫困群众可靠的致富路。”兴宾区有关领导说。

如何用扶贫产业巩固脱贫成果

——江西井冈山市做优“可持续性”产业的实践探索

龙　成

江西井冈山，红色革命的星星之火从这燎原。自 2017 年江西省井冈山市摘帽以来，脱贫攻坚的后半程从未松懈。到 2018 年底，井冈山市共 4573 户 16779 人脱贫，剩余未脱贫 116 户 285 人，贫困发生率降至 0.25%。

如何巩固脱贫攻坚成果，建立可持续的防返贫体系？井冈山明确产业增收的基础，采取了景秀“引进来”、品优“走出去”、育才“可持续”的产业持续方针，突出各地域优势因素，将扶贫产业做大做强做长久。

夯实“引进来”的旅游扶贫产业

距离井冈山市新区一个小时车程的大陇镇大陇村四面环山，产业匮乏、交通不便，制约着村子的发展。

2016 年，深圳前海中赢合创控股有限公司入驻大陇村，组建井冈山陇上行农业开发有限公司，投资 5000 多万元，在原有的村落布局基础上，打造了一个集吃住行游购娱为一体的“陇上行山水田园度假村”。中赢合创公司为大陇村引入客流，通过长期租赁农户闲置房屋、房间托管运营、开发及引导农户开展经营活动等带贫方式，当年大陇村就脱了贫。

“当时我的母亲患病在此疗养，我发现这里的红色文化基因浓厚，王二小放牛、朱德挑水等革命故事都发生在这里，而且四面环山、绿树成荫、空气中负氧离子含量高，特别适合休闲生活，就想着把这里打造成山水田园度假村。”陇上行旅游度假村负责人蔡春风说，“我们根据村民房屋的实际情况，长期闲置的房屋就租赁过来进行精装修，做成酒店、咖啡厅、音乐餐吧等经营空间；村民有空余房间的我们就帮忙设计成民宿；没有房屋有手艺的村民在家制作食品或工艺品拿到这里统一展示销售，来到村里的客人一般都会去消费。”

由于大陇村距离最近的高铁站和飞机场都至少需要2个小时车程，凡是外地来度假的客人，经网上预约，蔡春风都会安排专车司机全程接送。

截至2019年11月份，度假村接待游客人数已突破2万人次，民宿及旅游收入超过1000万元，在美团、大众点评等互联网平台上陇上行度假村的评分高达4.7分。

“好评率至少达到80%以上才能达到4.7分，不过更重要的是陇上行旅游度假村的事业现在已经与每位村民的生活息息相关，旅游扶贫产业直接带动着村民的收入。”大陇镇党委委员赵平华介绍道。

今年76岁的范爱明，妻子患有慢性病无劳动力，女儿尚在校读书，全家几乎没有收入。在驻村第一书记刘祖文的协调下，由蔡春风协助设计规划，利用扶贫资金，将范爱明的房屋一楼精装修成“爱心超市”，销售一些莲子、红薯干等土特产和旅居用生活用品。

“来店里的游客挺多，有游客说我这儿的土特产最正宗，经常开着车来买。如今我们老两口的日子越过越好了。”范爱明笑着说。

紧邻范爱明的王根梅家挂着“七里香”的招牌，今年四十出头的王根梅食品制作手艺好，南瓜干、红薯干、梅子干等小食品远近闻名，她将家里的三间房间交由蔡春风设计成民宿，到了旅游旺季，每天都是满房状态。

井冈山市扶贫办负责人介绍，像大陇镇这样通过旅游产业带贫的还有拿山农旅深度融合发展模式、柏露全域旅游模式、茅坪新城“231”致富产业带动模式、刘家坪业态转换模式等，现在井冈山区域内已经实现了所有贫困户产业入股资金 10% 以上的分红、所有村级集体经济 5 万元以上的产业收入。

培育“走出去”的高附加值扶贫产业

“我们在山区里每 80 亩放置一个蜂箱，让蜜蜂的覆盖范围达到最佳值，原蜜的品质最好。”井冈山东上乡的海伦堡养蜂专业合作社展示大厅内，海伦堡帮扶干部易伟介绍说。

2018 年，中国地产 50 强的海伦堡控股集团来到了井冈山，经过多方调研，最终选择了蜂蜜产业进行实地帮扶。

海伦堡先后投入 300 万元，聘请江西省养蜂专家全程负责养殖技术指导和产品生产质量把控，并且依托集团市场优势和完善的营销体系对产品进行销售。

江西省养蜂研究所专家杨柳说：“井冈山的森林覆盖率超过 73%，我们的技术团队深入山区低密度放置蜂箱，山区里植物品种多、环境好，采的原蜜黏稠度和甜度都非常高；我们合作社的原蜜加工设备是江西省目前唯一一条天然成熟蜜分装生产线，日加工能力达到 2000 瓶，现在市场上 90% 的蜂蜜都达不到我们的标准。”

“我们设计了品牌‘拾野山蜜’，一瓶 500 克的成熟蜜售价 240 元，还没来得及面向市场，集团内部员工和我们的一些集团老客户就‘捷足先登’，抢购一空。”海伦堡集团驻东上乡帮扶工作队负责人易伟说。

据悉，海伦堡养蜂专业合作社吸收东上乡9个村52户贫困户加入，通过劳动就业、承包蜂箱订单回收、入股合作等方式，让贫困户既能获取工资收入、还能有股份分红等收入，仅一年时间，“拾野山蜜”销售额就达到了300余万元。

据介绍，在产业的持续性上，他们根据各地区不同的情况，确保家家都有致富产业、人人有稳定收入。在种茶、种果及竹林茂密地区，海伦堡集团针对性地实施“一户一块茶园、一户一块竹林、一户一块果园、一户一人务工”的“四个一”模式，在这些扶贫产业集群下，每年安排奖补资金6000万元，通过政策叠加、资金聚焦、贷款贴息、产业保险等整合各类产业扶贫资金3000多万元，实施差异化奖补政策，鼓励群众大力发展产业。

培养本土产业人“可持续”地发展扶贫产业

在东上乡曲江村，江西铜业集团驻村帮扶干部叶维祝明年就退休了，这已经是他驻村帮扶的第三个年头，管理过矿场、集团经营业务的叶维祝，在培养致富带头人、用制度有效管理运营和提升贫困户内生动力方面有着十分丰富的经验。

“明年我退休了，但是帮扶干部的机制不会退，集团会继续派人驻村帮扶，我也会持续关注曲江、尽我所能帮扶曲江。”叶维祝说：“三年来，我们走了很多弯路，试了很多错，去年才找到切入点——白莲产业。接下来我们要开始对部分村民进行培养，让这些致富带头人带动大家持续增收，从而有效防止返贫。”

“以前我们小规模种植莲子，都会经常出现莲子被偷、莲苗被破坏的情况，损耗着实不小，叶老师亲自上阵管理之后，与基地里的贫困户建立就业关系，将土地产出与劳动力的管理收入挂钩，现在规模300亩的白莲种植基地只用一个人看管，比之前10个人管得还好。”东上乡党委书记介绍说。

村里的贫困户张耀玲，以前没有技术，没有资金，也没有外出打工的途径，生活十分贫困，去年叶维祝雇用张耀玲来地里采莲。张耀玲拿到工资后，便主动学习技术，并要求承包一些莲子地自己种，张耀玲的积极性，让叶维祝感到很欣慰，经过仅半年的实践和指导，张耀玲已经是村里首批致富带头人了。

张耀玲说：“去年外来游客买过我的莲子后，现在还经常有人联系我下订单，最近半年靠着种莲，收入都有3万多块，明年我还想扩大种植面积。”

据悉，井冈山在脱贫攻坚战结束后，继续实施“321”帮扶机制，做到领导挂点、干部包户、第一书记驻村、党员结对、技术人员指导的产业帮扶力量“五个覆盖”，通过对家门口产业可持续性培育，现已吸纳1.2万余人在家门口就业创业。

市扶贫办负责人说：“我们要打造永不走的驻村工作队，让结对人员充分发挥自身的优势，坚持用井冈山精神鼓舞群众，大力扶持自主创业，进一步完善能力提升、兜底保障、党建引领的全覆盖机制，实现‘红色最红、绿色最绿、脱贫最好’。”

融合发展篇

为了这片土地不再有贫困

——河南省开展产业扶贫纪实

张培奇　郭少雅　范亚旭　龙　成

这是一片富饶又贫瘠的土地，一方面坐拥中原沃土，一方面也有着大别山区、太行山区、伏牛山区和黄河滩区“三山一滩”的连片贫困地区。贫困人口总量居全国第三的河南，在脱贫攻坚的整体作战图中占有举足轻重的位置。

“两会期间，总书记参加河南代表团审议，特别叮嘱我们要做好脱贫攻坚工作，下一步乡村振兴的要素会更加活跃，那里仍然是一片大有可为的土地、希望的田野，这些叮嘱给我们极大的鼓舞。”河南省委农办主任、省农业农村厅负责人说，“近几年来，全省已经实现 577.7 万人口脱贫，5514 个贫困村出列，在全国的脱贫贡献率超过 10%，靠的是让尽可能多的贫困户参与到产业发展中，让他们共享经济社会发展成果，这片土地正因为贫困群众的自力更生、大有可为而变得生机勃勃。”

顶层设计护航　传统产业有了新使命

论发展产业扶贫，河南人有自己的底气。

小麦粉和挂面产量占全国 37%，每 3 包方便面有 1 包产自河南，每 10 个饺子汤圆中有 7 个产自河南，火腿肠占半壁江山，馒头 1/4 产自河南，北京全聚德烤鸭的大部分白条鸭都来自河南华英农业发展公司，这是河南作为农业大省坚实的产业基础。

但如何让农业产业惠及更多的贫困人口，让祖祖辈辈耕耘的土地“生长”出可以带动贫困群众增收致富的强劲动力，还需要在制度和规划上进行顶层设计。

一项项制度逐渐丰满，织密了扶贫产业的支撑网。2018 年，河南省下发了《河南省农业产业扶贫三年行动计划》，围绕这一计划又先后下发《河南省新型农业经营主体（农民合作社）扶贫专项行动方案》《河南省新型农业经营主体（龙头企业）扶贫专项行动方案》《河南省农业技术扶贫专项行动方案》《河南省农业信息化扶贫专项行动方案》《河南省稻渔综合种养扶贫专项行动方案》《河南省“三品一标”扶贫专项行动方案》，以此形成的“1+N”农业产业扶贫专项行动规划，从主体培育、技术帮扶、信息服务和品牌创建等方面共同支撑着河南产业扶贫的发展。

一个个优势产业被重新规划，赋予带贫发展的使命。在优质小麦发展上，构建现代小麦产业体系；在优质花生发展上，抓好花生绿色高产高效创建示范县建设；在优质草畜发展上，加强牛源基地建设，扩大粮改饲试点，推进种养结合；在优质林果发展上，着力发展标准化、组织化种植水平。种种要素向优势产业倾斜，深挖传统产业带贫能力的过程，也成了河南优化农业供给侧实现产业内部各要素重新整合的过程。

南阳市宛城区高庙镇王良庄村，几台自走式打药车伸开 20 米长的“双翼”在麦田里行进。“这家伙一来一回能给 4 亩地打药，只要 3 分钟。”村党支部书记张永军说。

今年 50 岁出头的张永军是照管全村 2200 亩耕地的“大田管家”。2017 年，王良庄村与南阳市文景园农业科技公司签订土地托管协议，根据协议，贫困群众将土地进行托管开展规模经营，除了有保底的托管分红以外，还能获得增产分红和种粮补贴。

“这地种得和以前不一样。”张永军在地里指着宽窄不一的麦垄说，“‘宽窄行’种法，通风透气，大机械进地也不压苗；再看这土，经过深翻，蓬松疏散宜水宜肥。”张永军估算，今年每亩地能打1100斤小麦。

和产量同时提升的，是王良庄村小麦的品质和价格。今年全村的麦地里，一半是强筋小麦，直供当地农业龙头企业——想念面业；另一半是高发酵小麦，已被贵州一家酒企预订。这两种优质小麦每斤比市场价贵0.2元，最高的一批每斤能卖到1.6元。“一亩地的纯收益比过去自己种高了好几百元，加入托管的23户贫困户去年都实现了增收脱贫。”张永军说。

向脚下的土地要效益，将曾经看似“不赚钱”的传统农业产业做优做强，给贫困群众更多的支撑，是河南这个农业大省在打赢脱贫攻坚战中的“起始式”。

河南在全省53个贫困县建设41个四优示范县，占全省四优示范县的一半以上。其中，优质小麦示范县8个，优质花生示范县21个，优质蔬菜示范县4个，优质食用菌示范县1个，优质水果示范县4个，优质茶叶示范县3个。仅以“优质弱筋小麦绿色高产高效创建示范县”淮滨县为例，当地通过发展弱筋小麦食品加工业，吸纳全县2327名贫困人口就业，年人均工资收入达2.2万元，可使2160户贫困户实现务工脱贫。

蜂巢式抱团发展　乡亲脱贫有了主心骨

“打赢脱贫攻坚战，是今明两年必须完成的硬任务。习近平总书记叮嘱我们，如果降格以求，采取数字脱贫、虚假脱贫、糊弄脱贫，这种现象是不能容忍的。但同时，抬高扶贫标准、胡子眉毛一把抓，没有轻重缓急，最后没有履行承诺，这种现象也必须坚决杜绝。”从全国两会上带回总书记重要讲话精神的信阳市委领导说：“发展扶贫产业不能盲目追求‘高大上’，要盯住脚下的土地和既有资源，打造让老百姓能参与、看得懂、用得上的扶贫产业。”

作为河南省唯一的一个辖域内均为贫困县的省辖市，信阳市近5年来，为69.9万贫困群众摘掉了贫困帽，其中一大部分的群众脱贫致富，依靠的是全市2586个“多彩田园”产业扶贫示范基地。

“以前腿有伤病，不能干重活儿，只好带着老伴儿外出打零工，还捡过破烂儿。现在我把10亩荒山流转给企业，还在油茶园上班，一年收入2万多元，老伴儿忙季也来帮工。”光山县槐店乡陈洼村67岁的贫困户郑建友说。

郑建友所说的油茶园由河南联兴油茶产业开发有限公司建设，该公司在光山县流转荒山荒地3万余亩，用于种植油茶和发展名优特高效林业。公司常年解决1000余名农民就业，带动周边298户贫困户增收脱贫，茶油加工车间正在兴建，产业链拉长将带动更多群众就业。

“房前屋后一亩茶，一塘肥鱼一群鸭”，通过实施“多彩田园”示范工程，信阳已形成毛尖茶、优质稻、弱筋麦、华英鸭、固始鸡、山茶油、淮南黑猪、花卉苗木、香菇、中药材等特色优势产业，设施农业、观光农业、乡村旅游等产业也逐步兴起，群众增收渠道进一步拓宽。

让乡亲们身边的扶贫产业像“蜂巢”一样把大家聚集起来，把乡村的资源禀赋整合起来，是河南产业扶贫的打法。为了实现“村村都有致富产业，户户都有增收门路”的目标，河南省下了大功夫，打了一套“组合拳”。

科技帮扶，河南省1.2万多名农业专家和技术人员走进贫困县成立产业扶贫技术专家组，在全省9536个贫困村设立技术指导员；龙头带动，265家龙头企业在53个贫困县崛起，占全省新崛起龙头企业1/3强；品牌塑造，从贫困地区打造出164个农业品牌，几乎占据了全省农业品牌的半壁江山……

正如驻马店市泌阳县委领导所说："培育一个能够带动贫困群众脱贫致富的产业，不仅需要贫困群众自力更生，更需要资金支持、科研攻关、政策倾斜，以及建立能够让贫困群众共享成果的利益联结机制。"

夏南牛作为中国第一个肉牛品种，2007年在泌阳县横空出世。虽然坐拥体重大、耐粗饲、生长迅速、肉质细嫩等优点，"第一牛品种"却没有卖出"牛价钱"。

缺乏深加工，只卖活体牛，夏南牛虽然成了泌阳县的支柱产业之一，却只能小打小闹，并没有带动群众共同致富的能力。

2015年开始，泌阳县成立了由县委书记任政委、县长任指挥长的夏南牛产业集群发展指挥部，每年拿出3000万元进行夏南牛产业集群开发，下设6个专业工作组，对口帮扶100个夏南牛养殖重点村，在每个村建成1个存栏200头以上的母牛规模养殖场。

一个个分散在村庄的规模养殖厂成了贫困户参与到夏南牛产业发展中的"蜂巢"，将贫困群众紧紧裹进了产业链。

产业链前端，28个农民专业合作社为养殖提供专业青贮饲料，每年75万吨专用玉米有了稳定销路；产业链中端，1600多户贫困户直接参与分散养殖夏南牛项目，人均可获得3000元以上的养殖奖补。国家农业产业化重点龙头企业河南恒都食品有限公司的两个单体亚洲最大养殖场和年屠宰15万头肉牛屠宰分割线落地泌阳，贫困群众或将小额贷款入股企业分红或直接进入企业就近务工获得就业性收入；产业链后端，夏南牛产业园里正在上演增值“戏码”，一头牛的原血加工成血浆血球蛋白粉可增值6倍，一副牛骨架加工成骨肽产品可增值7—10倍，精深加工后的牛肉高档产品每公斤最高可售200元，夏南牛产业集群年产值达到100亿元以上。

“作为一个现代化的农业产业体系，夏南牛产业集群用散落在各个村子的养殖场和加工车间将贫困群众紧紧地联系了起来，强劲的大产业带动分散的小农户，乡亲们就有了主心骨。”张树营说。

党支部建在产业链上　发展有了“红色引擎”

在光山县文殊乡方洼村，随着天气转暖，23栋香菇大棚里的菌伞探出了小脑袋。

“去年，我们被列为省扶持村级集体经济试点村，获得了150万元的发展资金，这笔钱怎么花，在我们村‘两委’里掀起的争论可不小。”村党支部书记李信远说。

因为常年村集体经济发展乏力，方洼村的集体账户上已经多年不见钱了。“这钱咱可不敢乱花，还是放到一个大企业那里，让村民能吃上利息最保险。”有的村干部这么说。

“给咱用来发展村集体的钱，咱就得想方设法把它用好壮大村集体资产。”李信远顶住了压力，资金到账的当天便连夜到南阳市考察食用菌产业，与村“两委”和村民几次商议后，最终决定了建设10座造价2万元、年收益约1万元的香菇大棚。

2018年底，贫困户李钢远拿到了来自村集体的5600元分红和5000多元种植香菇的务工收入，而方洼村的村集体账户上，收到了这么多年的第一笔收入——4.2万元。

“钱虽然不多，我们村‘两委’一帮大老爷们却都像吃到了糖的孩子。村集体有了收入、贫困户有了分红，村子发展有了干劲儿，连递交入党申请书的年轻人都多了起来。”李信远说。

中原大地上，像方洼村这样，依靠产业发展，从空心村转变为实心村的生动实践越来越多。

平顶山市立足种植、养殖、运输、农家乐等27个产业，在全市建立1256个产业党组织，仅一个鲁山县辛集乡葡萄产业党总支就带动了26个村的800多户贫困户靠种植葡萄脱贫致富；信阳市商城县355个行政村均成立了集体经济合作组织，整合项目资金7000余万元扶持发展贫困村集体经济。

对抓党建促脱贫十分有心得的襄城县委书记，总结支部带动扶贫产业发展的优势：“把支部建在产业链上，有了产业咋上规模？组织协同发力。人心不齐，村委会站了出来；土地流转受阻，村支部分头动员；闯市场需要合力，行业协会建起了党支部；种植需要技术，党支部扛起大梁；产业链一路延伸，党组织一路整合，这样的扶贫产业发展得有靠头、有后劲，让群众愿意跟着走。”

“基层党建正在成为推动转方式调结构、加速新旧动能转换、助推精准扶贫的‘红色引擎’。”申延平说：“河南各地的探索方式，是借助党群共谋脱贫事业的有效载体，把党组织建在产业链上，把党的工作延伸到新型农业经营主体，使党的组织优势和产业发展优势相互转化、互融共建，探索出一条‘抓党建、强组织、兴产业、促脱贫’的农村基层党建工作新路径。”

延伸产业链　拴紧利益链

——天津市对口帮扶新疆和田发展现代肉羊产业纪实

焦　宏　金慧英

新疆和田地区，古称“于阗”，意为“产玉石的地方”。但是，多少年来，闻名遐迩的“和田玉”没能让和田地区摆脱贫困，当地老百姓顶着“玉名”过穷日子。现如今，在天津对口帮扶下，肉羊产业正在从多层级养殖向上下游产业链延伸，成为当地百姓脱贫致富的可持续优势产业。

“去年 11 月 18 日，一份规模化肉羊产业深度发展的战略合作协议在天津正式签署。”天津援疆前方指挥部总指挥徐晖说，该协议的签署标志着天津对口帮扶和田地区规模化肉羊产业体系建设项目向升级版迈进，肉羊产业发展进入高质量发展阶段，为决胜之年打赢脱贫攻坚战、实现乡村振兴奠定坚实的基础。

把脉产业　精准施策
构建一个具备造血功能和可持续发展的产业

“从 2017 年接到对口帮扶和田地区于田县和策勒县任务以来，我们选准肉羊产业深耕细作，逐步建立了肉羊育种、扩繁、育肥、饲料、屠宰、销售等全产业链帮扶模式。”天津食品集团党委书记、董事长张勇说，通过构建利益联结机制，把肉羊产业从养殖端延伸到销售端，在和田地区留下了一个适合贫困地区发展的可持续产业体系，一大批贫困户依靠肉羊产业实现了脱贫致富。

于田县和策勒县地处塔克拉玛干沙漠，戈壁横布、干旱少雨，是新疆的深度贫困县，传统畜牧业正面临着生态保护退牧还草、肉羊品种严重退化、产羔率低等诸多问题，举步维艰。

“接到对口帮扶任务后，我们第一时间赶赴和田考察调研。”天津食品集团旗下天津津垦牧业集团有限公司党委书记、董事长李景龙回忆，当年8月至10月，他们跑遍了荒原沟渠后，发现和田当地人98%是维吾尔族，羊肉消费量大，肉羊供不应求，但受当地自然条件和生态保护等因素制约，每年肉羊缺口达150万只，多年来靠外调解决。于田与策勒是缺口最大的两个县。

把脉产业才能精准施策。从肉羊产业介入看来是个好主意！但发展现代化、集约化肉羊产业必须从改良品种入手。天津食品集团是保障天津市米面油肉蛋奶的“菜篮子”企业，从未养过羊，怎么办？“虽没养过羊，但我们对肉羊产业一直有关注。”李景龙说，天津奥群牧业有限公司多年来从事肉羊品种改良，是全国首批国家级核心育种场，在肉羊育种及产业化推广方面是行业内公认的领军企业，引进澳大利亚名种澳洲白羊和中国优质湖羊杂交，培育出优质羊种澳湖羊。近年来，天津奥群牧业在内蒙古、甘肃、河北、西藏等地开展肉羊品种改良，助力当地肉羊产业扶贫。

2017年12月28日，天津食品集团与天津奥群牧业走到了一起，先期投资7800万元，分别建设了策勒县核心种羊场和于田县肉羊扩繁场，配套建设了动物疫病预防控制中心，启动建设饲料加工和屠宰加工厂，并与和田地区行署签订了战略合作协议，开始着手大批量向和田输入澳湖羊，拉开了肉羊产业对口帮扶的序幕。

统筹规划　挂图作战
全产业链发展肉羊产业真正实现产业帮扶

如何实施肉羊养殖产业项目？天津食品集团没有图省事送贫困户几只羊、任由其荒漠放养，而是做好统筹规划、挂图作战，一张蓝图绘到底，下大力气打通肉羊全产业链，建设从种羊培育、扩繁到饲料供给、育肥、技术指导、屠宰加工、农民合作组织的养羊产业链，打造年出栏 100 万只全国一流的肉羊养殖项目，为新疆提供现代化、集约化的养殖模式。

“实施产业扶贫、项目扎根、持续发展，使当地脱贫而不返贫。”张勇说，对口帮扶两年后，天津食品集团在新疆和田地区成立了天津津垦牧业集团有限公司，该集团公司在新疆成立了津垦奥群、津垦广大、津垦牧业、津垦通和、津垦食品 5 家扶贫项目公司，从 2017 年至 2019 年底先后投入 8.5 亿元，涉及肉羊育种、扩繁、育肥、饲料、屠宰、销售等全产业链条，通过市场化机制形成可持续发展的优势产业。

按照规划方案，天津食品集团在和田地区以县为单位建立可复制的县乡村三级扶贫种羊繁育养殖体系，形成“2 个县级种羊场（龙头企业）+20 个乡级养羊分场 +405 个村级合作社（大户、贫困户）”的三级繁育养殖模式。同时建设肉羊产业技术培训、屠宰冷链加工、饲料生产等支持体系，打造畜牧养殖、屠宰、交易、畜禽产品精深加工、冷链物流产业链。

在于田县希吾勒乡奥居鲁克村养羊小区，89 户连片的羊舍中不时传出“咩咩”的叫声。贫困户托合提肉孜·买土肉孜说，他前几天刚卖了 20 多只羊，两个多月赚了 1 万多元，现在还养着 21 只羊。策勒县城西北20公里处，是塔克拉玛干沙漠3号风口，满目是波浪起伏的黄沙，作业的大型推土机轰鸣震耳、扬起沙尘。津垦广大农业有限公司经理郭岐和援疆干部郭磊正在现场组织平整沙丘施工。他们承担的治沙项目，已完成3000亩，采用滴灌模式种植了36万棵树，防护林防风固沙效果初现。

"为了落实升级版的新疆百万只肉羊项目，新疆5家公司正在全力以赴为今年5万只基础母羊扩产项目做准备工作，目前羊正在分批进来，同时饲养的两万只羊也到了新的产羔期。"天津食品集团有限公司副总经理张庆东说，新疆津垦食品有限公司50万只肉羊屠宰项目正在紧张建设，将于8月投产。当地的维吾尔族大学生和外出务工青年纷纷返乡投入肉羊养殖产业。有14名畜牧兽医及动物医学等专业的大学生在养羊一线开展技术服务和培训工作，28名在校大学生在羊场实习。肉羊养殖项目最近还将招收40名大学生投入养羊工作。天津食品集团选派的40多名援疆骨干正在扶贫一线紧张工作。

统一标准　规范发展
技术服务体系落地生根保障产业国内领先国际同步

参与和田地区肉羊产业扶贫以来，针对新疆和田本地羊个体小、繁殖率低、品种严重退化等制约因素，天津奥群牧业发挥育种、服务、技术优势，协助天津食品集团与当地政府共同制定了《和田地区精准扶贫种羊繁育养殖项目运行方案》及相关实施计划，建立县乡村三级扶贫肉羊繁育体系，通过利用高科技手段，施行"统一品种、统一饲料配方、统一疫苗防疫、统一技术服务、统一保护价收购"的"五统一"标准。同时，在保护好地方良种的基础上，划定地方品种羊的保护区和养殖区，通过规模化发展带动，建设良繁体系，搭建"种、养、加、销”产业链，稳健地开展地方品种保护工作。

和田地区肉羊产业技术人才缺乏、管理方式粗放、养殖效益偏低，天津奥群牧业制定了维语版肉羊养殖技术手册，通过实时远程指导、举办技术培训班等举措培训本地技术团队。2018年以来，围绕建立肉羊养殖有效良繁体系、高效肉羊养殖管理技术、肉羊养殖疾病防控、肉羊营养三阶段饲料技术、羊的同期发情及人工授精、羔羊护理技术等内容，多次举办养殖技术培训班。同时派驻和田地区技术人员10名以上，长期开展科技帮扶、技术服务等工作。

在木尕拉镇多胎肉羊扩繁场，“五统一技术服务队”负责人常延宾、援疆干部范秋浔和维吾尔族技术员亚森正在检查羊群情况，而技术员李二稳正忙着用手持B超机给母羊测孕。服务队8个人负责方圆200多公里内18个养羊乡场（点）的两万多头羊的防疫、测孕、量体重、配比饲料等工作。目前，和田地区县乡村三级扶贫种羊繁育养殖体系已经初步建立。

徐晖表示，今年脱贫攻坚任务艰巨，收官之年又受到新冠肺炎疫情影响。在这特殊时期，天津援疆前方指挥部有针对性地制定援疆暖企十条新举措，推动和田地区东三县援疆企业尤其是5家羊产业企业分区分级精准有序复工复产，全力确保高质量完成援疆任务，助力和田地区脱贫攻坚战取得全面胜利。

全程跟踪　股份发展
紧密的利益联结模式实现一人就业全家脱贫

希吾勒乡，维吾尔语意为“西边的坑”。当地农民世世代代养羊就是放牧，没圈养过羊，不了解澳湖羊的饲养模式和效果。“起初扶贫项目党支部先期做了10户工作，磨破嘴皮，没有人响应。”李景龙说，津垦牧业联合党支部与希吾勒乡党委互学互促，共话基层党建、共谋脱贫帮扶，拧成一股劲儿推动养羊扶贫工作。

于是，他们召集党员开会动员，介绍多胎肉羊优势和前景，宣传推广养羊“五统一养殖模式”，实行全过程跟踪技术服务，组建技术服务队驻村（点）进行服务，乡政府为大家兜底。在党员户的带领下，6户贫困户报名参加养羊项目，驻地公司多次组织农民到公司基地开展技术培训。当地政府挤出资金为贫困户集中盖了连片的羊舍，便于“五统一”饲养及防疫，每户一个羊舍，按户每人配发3只羊。2018年5月24日，120只怀孕母羊发放给了带头农户，仅一个多月，就有许多母羊产了两三只羔羊。“这羊是个好东西，服务叫我们很省心。”希吾勒乡奥居鲁克村89户贫困户全部参加了肉羊养殖扶贫项目。“支部共建”是天津食品集团在希吾勒乡创建的第一个扶贫模式。

按照当地扶贫政策，每户贫困户按人口分配羔羊，驻地公司用“以羊入股分红”“放母归羔”“育肥合同羊”“结亲戚”“招工安排就业”等组合拳，逐步在希吾勒乡形成了有效的扶贫模式。希吾勒乡贫困户土库其和131户贫困户选用“放母归羔”模式，土库其养了21只怀孕母羊，自己花钱购饲料。他饲养的母羊从去年7月到12月下旬已产了40只羔羊，销售羊盈利达2.4万元。该乡有400多贫困户“以羊入股分红”，将政府分配的羊只由驻地公司代养，羊成熟售后享受10%比例分红。一只羊一年可分红160多元。

还有针对深度贫困户“短、平、快”的“育肥合同羊”脱贫模式。驻地公司将处于快速生长期的青年公羊给贫困户饲养照管，公司负责饲料等，贫困户预交30%羊款等费用，待育肥两个多月达到市场出售标准，公司以不低于市场价格回购，扣除前期的70%费用，余下的为贫困户盈利。有一些贫困户自筹30%预付款有困难，天津食品集团领导带领援疆干部与贫困户结对子，垫付启动资金。援疆干部为该乡达西库勒村贫困户麦麦提艾萨·阿吾拉垫付了20只羊30%的羊款5200元，两个多月羊育肥售后赚了1.1万元，还了借款后他又申请养了两批羊。

一人就业，全家脱贫。天津食品集团在和田地区实施肉羊养殖产业扶贫项目的5个公司中，上班的维吾尔族员工涉及102户建档立卡贫困户，他们每月收入达2000元以上，加上其他奖金，不少人每月可达2500元，一人的年收入按当地脱贫标准就可以实现全家脱贫。据策勒县统计，目前以县总厂、乡镇分厂、合作社、养殖大户四级养殖架构体系，养羊35.27万只，其中托养贫困户的羊25.77万只，占比73%;仅发展养羊产业人均收入就达1530元以上，覆盖农户10294户33578人，同时四级架构中直接就业1620人，每人每年收入达1.8万元以上，实现了一人就业，全家脱贫。

据初步测算，和田地区通过“扶贫羊”产业脱贫17.46万人，占全地区贫困人口的18.7%。

在决战决胜的关键时期，天津市与和田地区建立了新的对口帮扶战略合作，共同建设升级版的新疆百万只肉羊产业，计划建成2000只父母种羊场1个、3万只湖羊母本场1个、2万只澳湖母本场1个，年生产育肥羊7.5万只、优质基础母羊5万只，整合现有年生产12万吨饲料厂、年屠宰50万只羊的屠宰场，形成饲料生产、种羊繁育、生产育肥、屠宰加工、冷链销售的肉羊全产业链。到今年可带动贫困人口2.02万人脱贫。

看营山如何变“银山”

李传君

四川省南充市营山县是一个人口超 93 万的大县，要成功实现全面脱贫奔小康实非易事。近年来，该县立足产业强县、产业富民的指导思想，脱贫攻坚和乡村振兴正迈出坚实步伐。

无论是花椒、柑橘还是中药材、粮油，营山县不仅在规模上做大了，同时在产业效益、促进农民脱贫增收等方面交出了一份份满意的答卷。2019 年，全县第一产业产值达 43.6 亿元，农民人均可支配收入达到 14791 元，同比增长 9.6%。

支部牵头　实现特色产业贫困村“全覆盖”

近日，在老林镇文昌村，连绵的山峦披上了绿装，漫山遍野齐人高的花椒树散发着浓郁的香味，翠绿叶片下缀满了细小的嫩果。“8 万株今年全挂果，4 万株已达丰产期。”村支书王才强高兴地说，行情好的时候，每亩产值可达 8000 元至 1 万元，至少也能达到 6000 元。

文昌村目前花椒种植面积达 3000 余亩，共有 3 个合作社，其中由王才强牵头成立的“翰林昌盛”合作社种植了 1000 余亩，还回引了 5 名返乡创业者，共投资 380 余万元。

产业发展带给村民的直接收益就是土地流转费和务工收入，仅务工一项全村每年可增收 150 余万元。据了解，目前老林镇花椒种植面积已达 2 万亩，每年创造的劳务收入可达上千万元。

营山县农业农村局有关负责人介绍，全县共建成花椒基地 7.5 万亩，其中集中连片 5 万亩、脱贫奔康产业园 2.5 万亩。这些基地的建设，均离不开各村党支部的牵头和返乡创业者的积极参与，每年产生的土地流转费就在 1500 万元以上，创造劳务收入超过 3750 万元。

目前，营山县花椒产业正以“一个中心”“两大片区”“全面覆盖”的格局蓬勃发展。“一个中心”就是建设以县城为中心的青花椒产品研发及精深加工中心。目前，回引人才创办的企业“新瑞农牧”已在第二工业园区征地 30 亩建厂，新引进的研发及精深加工企业正在加紧备建。

“两大片区”就是以双林、青山等乡镇为核心的花椒产业区。目前，“两大片区”已带动老林、涌泉、清水、黄渡、带河等乡镇建成集中连片基地 5 万亩，涵盖 12 个乡镇、48 个自然村，形成了花椒产业龙头企业 6 家、专业合作组织 42 个、专业大户 65 户。

“全覆盖”就是全县 76 个贫困村花椒产业“全覆盖”。目前，新建了 2.5 万亩脱贫奔康花椒产业园，还采取统一购苗、统一技术、分户栽植的方式，建成贫困户花椒庭院 2.1 万个。

7.5 万亩花椒达到盛产期后，按平均亩产鲜果 750 公斤，产地销售均价 16 元 / 公斤估算，全县每年花椒总产值将达到 9 亿元，农民年人均纯收入增加 1290 元。同时还将带动花椒深加工、苗圃、交通旅游等相关产业发展，产生良好的示范作用。

激发活力　促进贫困群众利益最大化

黄渡镇兰武村是一个贫困村。长期以来，村里班子涣散，村民自主脱贫意识差且村内矛盾重重。南充市委组织部干部杨涛到兰武村担任第一书记后，决定首先解决这几大问题。

“我牵头成立了以党员为骨干、‘两代表一委员’以及村民积极分子组成的脱贫攻坚领导小组，又成立了精准识别贫困户临时领导小组，对现有贫困户重新进行公开透明的精准识别，该进的进、该退的退。这样很快就将全村的活力激发了。”杨涛说，所有磨刀功夫做完后，他才考虑全村产业发展问题。

兰武村主打产业是2000亩晚熟柑橘，目前共栽植8万余株。这些晚熟柑橘今年将全面挂果，预计可产50余万斤，总产值将达400余万元，丰产期总产值可达2000万元以上。

“我们多次组织群众到外地学习考察，借鉴别人的先进经验，决定成立兰武村资产管理有限公司，村集体和县国投公司各占少量股份，让村民尤其是贫困户占大部分股份，来求得群众利益最大化。”杨涛说。

怎样让农民真正成为产业发展的主体力量？兰武村采取了6种股权入股分红方式：产业投产前4年，村民以土地流转费计价入股，投产后重新以土地流转费形式支付；产业园建设期和后期的管护村民以劳务折价入股；贫困户可以政策扶持资金入股；群众以现金方式入股；村民以产业园建设所造成的青苗补偿入股；政策性投资股权量化入股。这6种方式很快激发了村民参与产业发展的积极性。

晚熟柑橘是营山县的一个重要产业项目。该县规划在新店、法堂、朗池等6个乡镇20个行政村建设5万亩集中连片产业园区。目前，全县已引进陕西海升果业发展股份有限公司等龙头企业，栽植了春见、大雅、沃柑、清见、不知火等市场前景好、竞争力强的名优新品种。

为最大限度地增加农民收入，营山县积极探索利益联结机制。在柑橘园区，采取返租倒包、土地入股、现金入股等方式，目前返租倒包 1100 亩，受益贫困户 132 户；园区定岗用工 335 人，年工资性收入 800 多万元，季节性用工 30 万个，务工收入 1800 多万元。

依托园区　迈上现代农业新高地

营山县是四川省传统农业大县，全县粮食作物播种面积达 103.45 万亩，粮食总产量达 39.96 万吨；油料播种面积达 32.45 万亩，总产量达 5.2 万吨。

近年来，优质粮油、生猪、营山黑山羊、现代水产、花椒、果蔬、中药材形成了营山的优势产业。目前，全县共规划布局现代农业园区 19 个，已建成 10 个。

立足粮油，为国家粮食安全做贡献，一直是营山农业的托底之本。粮油生产除了继续稳保以家庭为单位的分散种植外，规模化、集约化、标准化、现代化种植也正成趋势。

覆盖了东升镇、骆市镇 6 个村的营山县现代农业产业示范园区，计划总投资 2.5 亿元，总占地面积约 1.5 万亩，其中林地 5000 亩、旱地 5000 亩、水田 5000 亩。园区以“融合型、绿色型、科技型、创新型”为发展方向，突出“精品农业、精美村庄、精彩文化、精致养生”特色，推进“农业 + 旅游 + 文化 + 养生 + 数字”，以打造产业高度融合、产品优势突出、生态环境优美、农民生活富裕的现代农业农村发展标杆。

春耕时节，这里的春耕生产热火朝天，特别是 5000 亩高标准农田建设正如火如荼开展。“这 5000 亩中有水稻种植、稻鱼共生示范区 4000 亩，高科技现代产业基地 200 亩，蔬菜基地 400 亩，畜禽水产标准化养殖区 400 亩。”县农业农村局有关负责人说，此外还有休闲农业区、农业加工区、农业社会化服务和技术服务中心等板块。

据县农业农村局有关负责人介绍，园区由县国资中心出资成立的营山县农业发展投资有限公司为平台，以“公司＋村集体＋业主＋农户”为主体，四者相互合作、相互支持，共建、共营、共享，共同推动全县现代农业发展。

用心蹚出山区农民致富路

吕兵兵　刘明志

四月的沂蒙山，满山苍翠、生机盎然。沂山主峰所在的山东省临朐县，2016 年省定贫困村 114 个、建档立卡贫困户 7584 户 16353 人。

查漏洞、补短板、强弱项……临朐县充分发扬沂蒙精神，因村因户精准施策，截至 2019 年底，建档立卡贫困户全部脱贫，114 个省定贫困村全部摘帽，交出了一份实实在在的脱贫答卷。4 年，临朐打了一场怎样的脱贫攻坚战？发生了哪些感人至深又发人深省的脱贫故事？

因人施良策　点子招招出到了心坎上

沿临朐县城驱车一路南行，来到冶源镇巩家桥村聂象波的观赏鸟养殖基地，只见旋风、虎皮、云斑等近千只鹦鹉，鸟语鸣沸不绝于耳。

明媚春光中，聂象波兴奋地说："一对鹦鹉一年孵化 4 窝，价格每只 20 元到 200 元不等，出售鹦鹉按比例分红 3 万多元，凭借技术、劳动收入 7 万多元，去年共出栏鹦鹉 2000 余只，家庭创收超过 10 万元。"

2016 年，时任驻村第一书记牛伟志和村党支部书记赵奋起，成为聂象波的脱贫帮扶责任人。第一次到聂象波家中，就让两人犯了难：

多年前的锅炉爆炸事故中，其妻子不幸去世，他本人全身大面积烧伤，造成终身肢体三级残疾，没有了劳动力和收入来源，还因治疗费用欠下一屁股债……

物质帮扶容易，但要扶起聂象波对生活的信心就难多了。两名书记先从他的心结入手，隔三岔五便到聂象波家中与他促膝谈心，渐渐打开了他的心门。并且意外得知，聂象波养病期间曾养过两只鹦鹉，还养出了门道，逐步掌握了鹦鹉的生活习性和活动规律，一年下来孵出了十多只小鹦鹉。

养鹦鹉会不会是一个突破口？牛伟志和赵奋起看到了门路，积极向上争取资金，通过推行“党支部+合作社+贫困户”运营模式，促成村党支部与聂象波联合创办临朐县彩凤鹦鹉养殖合作社，建起巩家桥村观赏鸟养殖基地。村集体凭借基础建设投入拿收益的40%，聂象波凭借技术、劳动占收益的60%。

合作社的第一批幼鸟繁殖成功并上市销售后，聂象波当年就实现了脱贫。现在，老聂还有了另外的身份——村里的致富带头人和合作社的技术顾问。“下一步，我还想扩大养殖规模，争取繁育到3000只。”聂象波自信满满地说。

把准脉再开方　一条产业链串起致富梦

耳顺之年的王立春，如今端上了“铁饭碗”：“我在这里打零工两年了，一年干300天，一天能赚到80块钱！”

在位于沂山脚下的伏峪村，沿着村口往西北方向行进，只见一个个大棚顺着山势层叠分布，十几个村民各自劳作。

人群中，干得最为卖力的就是王立春。老王今年60岁，年轻时在外打工，没想到一场大病，让家里落下了饥荒。干不了重活，他只能回家侍弄九分薄地，种植花生、玉米等，收入十分有限。“靠天吃饭”的王立春一下子没了心气儿，成了建档立卡贫困户。

“过去这样的人家不少。”伏峪村党支部书记王俊利说，这里是典型的山村，土地贫瘠，光板田里产出的花生、玉米刚够糊口，有能耐的早出去打工了。2014 年，全村 410 户 1470 人中就有 96 户 174 名贫困群众。

深度贫困村咋脱贫？村里请来专家把脉，发现这里的砂质土地可以种植墨西哥玉米，这种玉米不值钱，却是养殖蚂蚱的好口粮。伏峪村顺势而为，在村里建起了蚂蚱养殖棚，成立了飞皇蚂蚱养殖专业合作社，统一为养殖户提供种苗、技术指导和销售。

“村里的蚂蚱养殖大棚发展到了 400 多个，近一半村民从事这个行业。”据王俊利介绍，该村当年仅蚂蚱养殖一项，收入就达 360 万元，贫困群众全部实现脱贫。

“哪能想到有这样的好光景！”摘掉贫困帽的王立春细数来年打算，“今年村里要引入蚂蚱深加工技术，我想再学学新技术，卖卖蚂蚱酱、蚂蚱干等特产，贫困帽摘掉了，咱还要接着奔小康呢。”

线下不丢线上忙　直播带货让非遗成“网红”

前不久，冶源镇平安峪村的老刘家手工箅子技艺传承人刘岳清跻身“网红”。在他的手工箅子工作室里，镜头前的刘岳清正通过网络平台直面网友，拿起几根高粱秫秸编织了起来，不一会儿工夫，一个外观精致的箅子就初见雏形，引来点赞一片。

“从元宵节开始，我在线上直播。以前做的产品都是攒一年的，年底赶集卖。现在通过自媒体带动产品的销售，供不应求。”刘岳清说。目前，他在 5 个平台开通了直播间，共有粉丝数 20 多万人。从开通到现在两个多月的时间里，共开了 12 场直播，带货 400 单，销售额达 2 万多元。

很难想象，这些作品的创作者是一位 36 岁的残疾农民。2006 年，刘岳清在机械厂打工时，不慎造成右手二级残疾，这让他对什么工作都“没兴趣”。父亲有一手箅子制作好手艺，刘岳清从小耳濡目染：“老一辈的手艺，不能到我这里失传了。我得把传统工艺传承下去，还要越做越好。”

2017 年，他果断辞去了合金厂的工作，回老家传承传统手工艺；2018 年，他创建临朐县老刘家手工编织品加工厂，大力发展传承传统手工制品，当年 7 月，手工箅子成功申请临朐县级非物质文化遗产项目。

眼见自己的作品名气越来越大，许多人慕名而来登门学习。“招工招徒，招的多为残疾人或贫困户。”刘岳清说，通过教授手工活的方式，让他们也加入箅子编织行列，目前已带动 10 余户贫困户脱贫。

用活资源　精细发力

——四川巴中市巴州区发展山地特色农业促脱贫纪实

李传君

位于大巴山南麓的巴中市巴州区是四川省典型的山地县（区），由于海拔在 900 米以下，地势以坡台丘陵为主，加上一直受交通闭塞影响，经济社会发展长期落后于其他地区。

巴州区农业发展虽难以规模化脱颖而出，但勤劳苦干的巴州人充分利用本地自然条件，在特色农业的领域精耕细作，闯出了一条独具山区特色的农业发展道路。

优质粮油、道地巴药、有机果蔬、生态养殖以及近几年发展起来的各种产业熠熠生辉。以园区建设为载体，巴州区走种养循环和作物套种的路子，并以产业融合高效发展作为最终目标。2017 年，巴州区成功摘掉贫困县（区）的“帽子”。

2019 年，巴州区农民人均可支配收入达到 13317 元。前不久，水宁寺镇获评全省实施乡村振兴战略先进乡镇；化成镇长滩河村、清江镇巾字村等 6 个村获评全省乡村振兴示范村。

亮出巴药招牌

巴中，自古就有“道地药乡”的美誉。早在 2011 年，巴中市就出台了《巴药发展行动计划》，打造川东北最大的道地中药材生产加工基地。2016 年，巴州区将道地药材列为四大主导产业的拳头产业，并确立了丹参、白芍、枳壳 3 个主导品种，目前种植面积达 11 万亩。

在大和乡朱垭村，一行行新栽的枳壳转青，行间已套种姜黄。“我这片一共涉及朱垭村及周边 5 个乡镇 11 个村，总面积 5000 余亩，每年可为当地村民带来劳务收入超过 200 万元。”巴中市大水牛生态农业有限公司总经理王力说，“姜黄当年便可见效，每亩纯利润 1000 元以上，枳壳第 4 年见效，七八年达丰产期，每亩产值上万元。”

这片基地仅是巴州区全力打造道地药材现代农业产业园区的一部分。今年，该园区被列为巴中市市级重点建设项目，区政府已整合涉农资金 5000 万元用于将园区打造成省级现代农业示范园区。目前，各项工程已完成 50%，建成道地药材种植基地近万亩。

园区的核心产业园位于大和乡界牌村，与通江县沙泥坪村相邻。这里正在进行跨县（区）、跨边界的乡村振兴探索：由巴中市委组织部牵头成立了两村联合党委，带领当地村民走以巴药为主导、结合农产品加工及红色文化旅游的一二三产业融合发展的道路。

通过几年努力，巴州区已形成“六区四基地”，即 6 个万亩种植区和 4 个重点基地。在重点乡镇和重要基地建成初加工厂 15 个、流通网点 20 个。目前正在对接内蒙古某大型医药企业投资建设川东北中药材仓储物流基地，以实现中药材来源可溯、去向可追、质量可控。

种养循环两头“肥”

梁永镇金浪村一峰家庭农场（以下简称“一峰”）长期与巴中温氏畜牧有限公司（以下简称“温氏”）合作，农场负责人王一峰介绍，温氏给他提供猪苗、饲料、技术、防疫物资等，他按温氏的标准修建圈舍，然后按双方合同保底价将育肥猪卖给温氏。同时，一峰还流转土地种植枳壳、姜黄、皂角等药材。因当前仔猪紧俏，去年6月起，一峰开始替温氏代养母猪，并按合同价回购仔猪。

梁永镇农业服务中心主任高青介绍，全镇采用“公司＋家庭农场”“六统一”模式的养殖场一共有16家，年出栏生猪达4.2万头，占全镇生猪总出栏量的90%以上。镇里还规定，凡存栏量1000头左右的养殖场，必须配备50亩左右以巴药为主的种植基地。

巴州区的要求则更高：对大中型规模养殖场和养殖园区，要求按每10头生猪流转两亩土地的标准发展种植业，种植品种以枳壳为主，套种南瓜、大豆等。养殖场产生的生猪尿液用于腐熟灌溉，生猪干粪用于追施，套种的南瓜、大豆用于饲喂生猪，实现区域内资源的综合循环利用，形成“生猪－巴药”“果蔬－生猪”的良性循环。

巴州区对在年内新增能繁母猪和引入并投产良种公猪的养殖主体，分别按每头300元、1000元进行补助。目前已引进南充佳禾养殖公司，已选育母猪1200余头，其中新增能繁母猪480头。温氏从现有的育肥猪中选育出后备母猪3000余头，并从集团内部调剂引进母猪1100余头。全区存栏母猪达2.55万头。

今年全区补栏生猪10.2万头、出栏生猪15.3万头、存栏生猪29.7万头（含能繁母猪），新增投产规模场8个（含两个10万头仔猪繁育场）、改扩建规模场22个（含7个非温氏合作养殖场）。全区生猪出栏目标为50万头，力争达到57万头，现已将指标分解到各乡镇（街道）及监测点。“完成任务我们有信心。”巴州区农业农村局办公室负责人说。

有机产业提效益

进入鼎山镇白果村，由巴州区海升现代农业有限公司（以下简称

“海升”）打造的有机猕猴桃生产基地引人注目。作为水果行业的上市龙头企业，海升计划年内新增发展猕猴桃1万—3万亩，巴州区计划发展3000—5000亩，白果村猕猴桃基地一期工程1000亩。

进入海升园区，只见有的区块林下养殖了鸡鸭鹅等家禽，而有的区块林下则长满了一种绿油油的植物，正开着紫色的花朵。“这是我们正在对比的两种控草方法，看哪种效果好。”公司副总经理叶忠荣说，“那种绿色植物叫毛苕子，一种豆科植物，不仅可以‘以草控草’，还可以为土壤保湿、保墒，等其开花结籽落入土中，明年再次生长，以此循环往复。”

园区还通过东西部扶贫协作项目带动了3个村的贫困户增收，500万元项目资金前3年每年以5%保底分红分配给贫困户，人均可分得340元左右；第四年起提高到6%，5年以后如果效益好，还可商议更高的分红额度。

受山区地理特征限制，巴州区水果种植总面积虽达到了8.1万亩，但品种分散、缺乏拳头品种。为改变单一种类产业“小而散”的局面，巴州区在做精上下功夫，通过有机循环和全产业链建设提高土地产出效益和产业带动效应。

化成镇长滩河村的桃李产业园先由村集体牵头成立公司，流转土地并发展水果，然后将公司股份量化，发动返乡创业者认购，或直接配送给村民和贫困户。通过与省农科院合作，长滩河村种出的有机水果十分抢手，丰产期人均分红可达3000元以上。

“组合拳”施策　全链条帮扶

胡明宝

盛夏时节，走进秦岭脚下的陕西省西安市鄠邑区石井镇栗峪口村，浓郁的绿色萦绕着村舍白墙，村道干净整洁，房屋整齐漂亮，五颜六色的花朵竞相怒放，悦目的村景映照着村庄的巨大变化。

走进65岁的崔有旺刚建好的新房，不同于一般的农家小院，他的房子设计感很强，欧式风格的洁白罗马柱、宽大明亮的半落地窗，都让人感受到小洋房的休闲和惬意。“你看俺这院子紧挨着村里的‘自然探索营’，将来亲子游带动人流，我们大展身手的机会就来了。咱这可不是一般的农家院，而是要打造成时尚民宿。”崔有旺说。

建民宿、搞发展的崔有旺几年前刚刚摘掉贫困户的“帽子”。“村里规划了‘农业+’的产业发展路子，村民的眼界提升了，思路也跟上了变化。”崔有旺说。

分类挖潜寻致富思路

崔有旺的变化是栗峪口村的缩影。前些年，栗峪口村还是省定贫困村，除了务农，村民大多外出打工，收入十分有限。如何让老乡摆脱贫困、鼓起“腰包”？

因地制宜、产业发展是一条道路。“2018年，原栗峪口、土门、涝峪口、白云4个自然村合并成栗峪口村，全村2865人。通过调研，市委组织部帮扶以后发现，4个自然村各有特色，白云村种植葡萄远近闻名，其他3个自然村位于环山路以南，自然资源和人文资源丰富，发展旅游得天独厚。因此，村里规划了‘农业+’的产业发展道路，打造农耕研学基地、亲子拓展基地、红色教育基地和千亩葡萄园，通过发展特色产业变‘输血’为‘造血’。”赵轩是西安市委组织部派驻栗峪口村的第一书记，他说：“村民们还写了一首诗描述这四大产业：户县葡萄早有名，此地最宜收获丰。红军过境陈列馆，熔铸信仰再长征。祖国花朵爱秦岭，自然拓展人气升。农耕乡愁建基地，感受劳动最光荣。”

产业强，群众富。发展产业是实现脱贫的根本之策，打赢脱贫攻坚战，产业扶贫是关键。近年来，西安市农业农村局不断创新举措，打出产业扶贫“新型主体帮脱贫、集体经济带脱贫、财政资金助脱贫、技术服务推脱贫、电商融合促脱贫”的创新“组合拳”，引导贫困户因地制宜发展特色产业，全面推动脱贫攻坚。

带动村民主动翻新老宅

走进农耕研学基地，葡萄架遮住了盛夏炽热的阳光，一串串成熟的紫葡萄闪着诱人的光泽。“这条400米长的葡萄科普长廊就是农耕研学基地的入口。在发展‘农业+’的同时，没有破坏村民原有的耕地，而是利用生产路搭建了新景观。”赵轩介绍。

在赵轩的引导下，生产路两旁坐落着35座蔬菜大棚、700平方米玻璃温室，不远处还有10亩开心农场、1700平方米避雨设施大棚，100余亩地则种植着葡萄、猕猴桃、桃、杏等10余种经济作物。“通过股份经济合作的方式，我们引入专业机构设计、运营，为村民传统农作物种植赋予了新的价值。村民们不仅能收获农产品，还可以在合作社就近就业，再加上土地流转的租金、每年的股份分红，增收的渠道越来越丰富。”赵轩说。

更重要的是，村民的理念发生了巨大变化，一座座拔地而起的小洋房就是最好的证明。农耕研学基地、亲子拓展基地、红色教育基地吸引了很多城里人来栗峪口村观光学习、休闲度假。仅 7 月，红色教育基地就接待 1 万余名党员参观学习。

人流会聚带动了村民积极主动发展乡村旅游，很多村民开始翻新自己的老宅，筹备新开张的民宿。

产业扶贫的路子越走越宽，乡亲们的日子也跟着好了起来。目前，栗峪口村几大合作社下的集体农庄、散养基地都在有序运转。“邑来驿往”客栈还成了鄠邑区民宿行业的示范亮点，在利用土地流转发展“农业 +”、引入外来投资等方面都取得了突破。

全链条帮扶不落一人

“产业是乡村振兴的‘源动力’。”西安市农业农村局产业脱贫办负责人介绍，近年来，市农业农村局围绕“三提升两壮大一夯实”，即提升全产业链价值、提升主体带贫成效、提升贫困户产业发展技能，壮大主导产业、壮大村集体经济，夯实贫困户中长期产业。以提高建档立卡贫困户自我发展能力和稳定增收为目标，持续推进“十百千万”产业扶贫工程，积极培育和发展猕猴桃、奶山羊、葡萄等十大扶贫产业，探索推广新型主体帮脱贫、技术服务推脱贫、电商融合促脱贫等 5 种产业脱贫模式，把有能力、有意愿、有条件的贫困户全部纳入产业帮扶范围，实现了产业扶贫“造血”当先。

实施精准扶贫以来，当地组织分类施策、因户帮扶，对生产经营难度不大、群众积极性较高，贫困户自己能干且能干好的产业，推行到户模式；对技术难度大、市场风险高的产业，引导经营主体与贫困户建立联结紧密的利益链、产业链，确保产业帮扶对象不漏一户、帮扶措施不落一人。

截至目前，全市7.4万户建档立卡贫困户中已有6.3万户通过产业帮扶受益，占比85%，实现了有能力、有意愿、有条件的建档立卡贫困户产业帮扶全覆盖，2019年户均增收2500元。

因地制宜谋产业　多点开花结硕果

——内蒙古自治区扶贫产业提质增效观察

马晓刚　李　昊

入伏之后，雨水充沛，正是抓紧种植培育甜菜的好时机。天刚蒙蒙亮，内蒙古自治区察哈尔右翼后旗曹不罕村的不少村民已经忙着给甜菜地拔草、浇水。

据了解，曹不罕村共种植甜菜4000亩，平均每人一年能收入4000元，不少贫困户也参与其中，靠着这份“甜蜜的事业”，大家不仅赚了钱还挣得有底气。

近年来，内蒙古紧紧抓住发展产业这个“牛鼻子”，按照宜种则种、宜养则养、宜加则加、宜游则游的原则，培育出一批市场前景好、辐射带动强、群众满意度高的扶贫产业，带动全区50%左右贫困人口实现脱贫，产业项目覆盖贫困人口83万多人次，实现户户有增收项目、人人有脱贫门路。

选准产业模式　撬动扶贫杠杆

走进巴彦淖尔市临河区草原宏宝公司奶山羊“托管代养”扶贫产业园内，1000多只身材修长、毛色洁白、品质优良的奶山羊正在吃草料。公司副总经理谭鑫星介绍，临河区投入专项扶贫资金474万元，为建档立卡贫困人口补贴购买奶山羊1144只。由于奶山羊养殖的特殊性，为降低养殖风险，区里决定将购买的奶山羊统一代养到养殖企业。

据了解，每只奶山羊“托管代养”周期为5年，5年内公司确保每只奶山羊实现红利至少800元，并于每年12月1日之前将“托管代养”的分红收益通过财政“一卡通”发放给贫困户。“托管代养”期间，贫困户对奶山羊实施全程监管。5年后，公司给贫困户返还一只健康奶山羊，贫困户可继续与公司签订“托管代养”协议。

截至7月底，草原宏宝公司已为381户690名“托管代养”奶山羊的建档立卡贫困户发放红利82.9万多元，临河区建档立卡贫困人口1940户4217人已全部脱贫。

走进兴安盟突泉县合发村佳旺牧业有限公司，整齐的圈舍里一只只母羊正在等着新主人把它们领回家，该公司正在施行农企利益联结的“放母收羔”项目。

“今天是我们结合发村合作养殖户发放母羊的日子，我们在合发村签约了27个养殖户，合计发放母羊1980只，这些养殖户有责任心、有能力，相信在未来3年里，我们的合作一定能取得好的效益。”佳旺牧业总经理李怀田说。

村民赵国说：“这个政策好，我领60只羊回家，一年能增加3万多元收入，以前咱们养羊经验不足，通过培训学习，学会了很多技术，一定能把羊养好。”

据了解，该公司给每个贫困户投放的10只基础母羊一年可生产羊羔约40只，归还公司4只公羊羔，剩余公羊羔可直接出售给企业，母羊羔次年开始成为基础母羊再生产，扣除饲养成本，户均年增收达1万元以上。2018年以来，共投放基础能繁母羊1.5万只，截至目前，投放户数1500户，收羊羔4万余只。

“放母收羔”的产业发展模式是突泉县脱贫攻坚工作中的有效实践

探索，其见效周期短，增收幅度大、养殖风险低，得到了全县广大贫困户的认可。

善施产业巧力　释放增收动力

在通辽市科左中旗协代苏木特莫钦嘎查张巴达玛家干净整洁的小院里，一排排蔬果郁郁葱葱，微风吹过，满园瓜果飘香。

“去年，我在庭院内种植蔬菜、果树，现在不仅能自给自足，还能增加收入。”张巴达玛在园子里一边忙活一边说，今年他早早搭起小拱棚育苗、栽植，错开季节销售蔬菜，之后再复种白菜来增加收入。

“蔬菜园不仅美化庭院环境，也增加了农牧民的收入。由于全嘎查都吃上了自己种植的蔬菜，按照人均蔬菜消费500元/年计算，今年嘎查农牧民将节省开支31万元。今年我们还在村部东侧闲置土地上成立蔬菜示范区，建起春秋暖棚。”特莫钦嘎查第一书记徐峰说。

近年来，科左中旗坚持把发展庭院经济作为促进贫困群众节支增收和改变生活习惯的一项举措来抓，累计投入扶贫资金2440万元，在该旗所有嘎查造林绿化的基础上，充分利用农户庭院普遍较大的特点，引导和鼓励群众发展庭院经济，通过采取“公司+贫困户”“政府+贫困户”的模式，推进建档立卡贫困户庭院经济全覆盖，实现户均节支增收1500元以上。今年3月，科左中旗实现脱贫摘帽，退出贫困序列。

从建档立卡贫困户到创业致富带头人，扎兰屯市河西街道回民村的张秀荣只用了4年时间。2014年，扎兰屯市黑木耳产业发展办公室来村里宣讲种植技术。听说种黑木耳能挣钱，张大妈东拼西凑了9000元购买了6000袋菌袋，和儿子一起在自家院子里开始了创业之路。母子俩起早贪黑，精心种养，加上黑木耳办技术人员的悉心指导，当年

扎兰屯市河西街道回民村村民张秀荣（右）正在自家院子里打理黑木耳

她家就净挣 9000 元。2015 年，张秀荣家摘掉了贫困户的“帽子”。

张大妈脱贫后，还惦记着全村的贫困户。她把收获的木耳送到村民家里，宣传种木耳的好处，并全力帮助想栽培木耳的农户。从场地的选择、菌袋的购置、灭菌的方法等工艺都无偿给予技术支持。经过几年努力，张大妈黑木耳种植专业合作社社员从最初的 5 户发展到现在的 11 户，带动贫困户 50 户 150 人致富。

“去年，我们聘请专家对张大妈进行种植指导。对于木耳的生长问题进行及时解决，还为她申请了‘一把木耳’品牌肖像和商标，预计今年 10 月就能注册成功。老太太坚强乐观，带动大伙儿脱贫致富，我们一定会全力支持她。”扎兰屯市河西街道党工委书记说。

借势旅游“顺风车”　端起致富“金饭碗”

“靠山吃山，靠水吃水。”由于挨着岱海，乌兰察布市凉城县三苏木村赵家村（自然村）走上了发展旅游的致富路。

在去往赵家村的乡间小路上，一些别致的小院吸引了众人的注意。“杏花小筑”民宿里，不同风格的房间内摆放着“村主任家的风箱”“隔壁大妈的炕桌”等摆件，厨房、烤炉、棋牌室等，一应俱全。优雅的环境加上现代感的装饰，“杏花小筑”与“沁竹悠筑”民宿成为村里两道别致的景色。

“这两间民宿，是我们向内蒙古文化和旅游厅申请 80 万元专项资金改建而成。每间房屋每年会返还贫困户 4000 元租金，运行 15 年后，房屋整体设施都将归村民所有。”乌兰察布市文化旅游体育局副局长、驻三苏木行政村第一书记兼驻村工作队队长张勇说。

张勇表示，第十四届冬运会坡面障碍技巧、大跳台、障碍追逐 3 个分项的比赛将在岱海国际滑雪场举行，赵家村距离岱海不足 3 公里，地理位置绝佳，发展旅游业成为首选。

“目前，我们正在和当地旅游公司协商，将两间民宿托管给企业，企业每年返还村集体 1 万元，同时承担贫困户的租金。”张勇还为两间民宿申请了 6 个公益性岗位，提供给村里的贫困户，月工资 400 元加提成。在张勇的带领下，三苏木村将有更多的房屋改造成民宿，以迎接第十四届冬运会的旅游热潮。

近年来，内蒙古大力鼓励和支持各盟市建设不同主题的特色旅游村镇，推动贫困嘎查建立“一村一品”“一村一特”产业。通过开展乡村旅游扶贫示范点创建工作，力争到 2020 年完成 2000 个示范项目，同时指导贫困人口集中的盟市编制乡村旅游产业扶贫规划，加强乡村旅游扶贫人才培育。

一鼓作气迈过最后的关卡

——四川省越西县产业扶贫提质增效纪实

邓保群

最近两年，四川省凉山彝族自治州越西县脱贫攻坚的步伐明显快了起来。从 2019 年初发动脱贫攻坚“春季攻势”，到当年 9 月易地扶贫搬迁城北集中安置小区顺利竣工，再到今年现代农业（苹果）融合发展示范园建设工程的收尾，以及农林产业扶贫的不断推进，越西县

越西县现代农业（苹果）融合发展示范园

的脱贫攻坚工作硕果累累。

显著的工作成效得益于越西县委、县政府近年来构建了稳固的脱贫产业发展政策体系，以及实施了产业扶贫项目的精准打法，由此，一场以特色产业为引领的现代化农业改革成为农业增效、农民增收的有效路径在不断铺开。

距离打赢脱贫攻坚战已不足半年，作为脱贫攻坚挂牌督战县，越西县持续发力不松劲，一鼓作气，向着最后的关卡挺进。

园区建设下功夫　辐射带动连片发展

越西县的特色农林产业具有一定优势，苹果、甜樱桃、贡椒等具有较高知名度，但是产业发展起步较晚，规模小，现代化程度低。

“我们紧紧围绕特色优势产业，在园区建设上下功夫，‘对症下药’解难题。”越西县县政府有关领导说，近年来越西县委、县政府先后出台《越西县关于推进农林产业发展助力群众贫奔康的指导意见》等9个政策文件，积极探索出一条农林产业扶贫的新路子。

目前，越西县启动建设现代农业产业园区7个，不仅能提高当地果农栽种技能，带动全县特色主导产业发展，还充分解决了贫困户就地就近务工需求。

在大瑞镇瑞香村，越西县现代农业（苹果）融合发展示范园的建设大体成行，该园区规划面积3200亩，其中矮化密植苹果园2600亩，桃、草莓等特色水果600亩，计划总投资1.3亿元，分两期实施，今年底建成。整个园区集休闲观光、农事体验、科技展示、科普教育、生产示范为一体，建成后将成为四川高原苹果产业示范样板。

据该园区主要负责人介绍，这里可日提供务工岗位80个以上，可解决周边贫困户5000人的务工需求。“以前我们自己种地收入很少，现在在园区务工，一个月就有 2000 多元收入，吃、穿不愁了。”在该园区务工的贫困户沙日五沙子说。

同时，越西县还通过资产收益扶贫模式，投入易地搬迁后续产业发展资金 1.5 亿元，参与 4 个农林产业园区建设，覆盖全县易地搬迁贫困户 7000 余户 3 万余人。今年 3 月底，城北社区的搬迁群众首次收益分红 800 余万元。并且，为了进一步确保搬迁群众“稳得住”“能致富”，县里还配套建设扶贫制衣厂、特色手工业扶贫车间、农副产品扶贫交易中心、扶贫综合商业开发区等，预计今年 6 月底投产助农增收。

培育新型经营主体　促进产业转型升级

“加快培育新型农业经营主体，对于引领农业适度规模经营发展、促进产业转型升级、增强农业农村发展新动能具有十分重要的意义。”越西县农业农村局负责人介绍，越西县出台了《苹果、花椒产业种植建设项目奖补实施方案》和《培育壮大新型农业经营主体奖励扶持暂行办法》等政策文件，在项目、资金、政策上大力支持新型经营主体发展。

去年，在扶贫资金扶持下，越西县朱大姐特色食品有限公司更新了生产线，实现了“鸟枪换炮”。这家县级加工龙头企业主要加工生产豆腐乳、萝卜干和豆豉，现在年生产量提升到 120 吨，年销售额达 400 余万元。该公司每年从当地农户手中收购豆类等原材料 35 万斤，带动贫困户 336 户，户均增收 1000 元左右。

有了政策的加持，县里一大批新型经营主体迅速成长起来。截至目前，全县已建成省级示范合作社 3 家、省级示范家庭农场 4 家、州级重点龙头企业 5 家、州级示范合作社 9 家、州级示范家庭农场 9 家，培育县级重点龙头企业 19 家。

优惠政策不仅要助力企业来带动农户，还要以奖励机制激励能人，发挥示范效应。苹果种植大户邓忠富去年在县农业农村局技术专家的指导下，优化种植技术，每亩创收 1 万元以上。由于技术能力强，他被聘为苹果种植技术指导员，对所在片区范围内苹果种植农户进行技术指导，起到了很好的传帮带作用。

目前，县里共有 43 个像邓忠富这样的新型经营主体，申报了苹果产业示范奖补项目，种植面积达 1 万多亩，有力推动了特色主导产业发展。

构建带贫减贫机制　拓展群众增收渠道

产业扶贫的重点，是要实现产业发展与贫困人口的精准对接。越西县在“县、乡、村、户”四级产业发展中，都建立了有效的带贫减贫机制：现代农业产业园区主要采用资产收益扶贫模式，乡级示范基地采用基础设施建设入股分红模式，村级产业园收益覆盖全体贫困户，产业到户项目使贫困户直接受益。

为解决村干部对产业发展不想干、不敢干、不会干的问题，越西县以村级脱贫奔康产业园项目建设为抓手，按照“部门主导、乡镇主责、驻村工作队主推、村户主体”的原则，采用单独建、联合建、飞地建等模式推动村级产业园建设，充分盘活了村级产业扶持基金，促进了村集体经济增收。

申普乡果吉村地理位置偏远，交通极其不便，70%的村民为贫困户，大部分村民不懂汉语，且居住分散，发展村集体产业难度很大。2018 年以来，在驻村工作队的推动下，村里发展跑山鸡养殖，并采用飞地建设模式打造 1.6 万只存栏规模的标准化蛋鸡养殖场，年销售额

200余万元。2019年实现村集体经济收入40万元，为入股贫困户户均分红1000元。

截至目前，全县共建设189个村级脱贫奔康园项目，有176个贫困村产业园已通过验收，村集体经济获得显著增长。

为了提升贫困户发展产业的内生动力，越西县重点抓产业到户项目，充分尊重贫困户本人意愿，自行确定产业发展方向，按照“先建后补、以奖代补、先干先补、不干不补”的原则开展项目实施工作。2019年县里对3484户、每户按照不超过5000元的标准进行补贴，成效明显。

目前，为了进一步拓展群众增收渠道和推进全县脱贫摘帽，越西县正开展实施“产业到户巩固提升”项目，给予每户不超过2000元的补助，扶持建档立卡贫困户、边缘易致贫户中有意愿且具备生产条件的群众，发展“短、平、快”的种植养殖业项目。

做亮产业扶贫体系中的“+”

——安徽省萧县产业带动整县脱贫扫描

杨丹丹　侯显华

地处皖北地区的萧县是国家深度贫困县。近年来，该县把产业项目扶贫作为解决生存和发展的根本手段，持续加强项目产业扶贫体系建设，全力推动可持续发展的长效脱贫产业项目建设。据该县农业农村局相关负责人介绍：每一项扶贫产业都需要调动各个主体和多方面资源形成合力，做好做亮产业扶贫体系中的“+”动作。截至 2019 年 3 月底，全县特色种养业扶贫项目到户覆盖 61309 户，覆盖率 80.2%；全县 87 个贫困村中，达到产业发展标准的 87 个，建成特色种养业扶贫基地 93 个；带动贫困户 56645 户，占比 74.1%；全县特色种养业自种自养贫困户 1.72 万户，产业达标率 100%，接受技能培训的贫困户 21563 人次。

特色种养提升脱贫质量

满树和娇烂漫红，万枝丹彩灼春融。3 月的萧县王寨镇明珠合作社内已是桃花怒放，万紫千红。合作社内，已脱贫的农民孙奕乐正忙着给 20 余名贫困人员传授桃花授粉技术。据该村党总支书记许志强介绍，孙奕乐是 2015 年建档立卡贫困户，当年到明珠合作社务工，主要从事果园田间管理。凭借多年的务农经验和吃苦耐劳、朴实好学的精神，他逐渐成为合作社的技术能手。2017年被合作社聘请为生产基地的“大总管”，负责生产资料采购、技术指导、人员调配等管理工作。说起收入，孙奕乐兴奋地说：“俺现在年薪高达6万元，已是俺村响当当的高收入者。”

近年来，萧县把推进特色种养业扶贫工程作为建设长效脱贫机制的重点工作来抓，依据县情推行了三大促进措施。强化程序审核，做好项目申报：严格按照“群众参与、村级申报、乡（镇）审查、县级审批”的程序，严把审核关，确保项目申报民主公正。实施三大行动，强化产业支撑：项目提升行动。从注重项目覆盖率向覆盖质量转变，发挥项目引导和带动贫困村、贫困户发展产业的作用，按照精准到村到户的要求，安排和实施扶贫项目，进一步提升项目质量。“四带一自”深化行动。在项目扶持、资金奖补、示范评定等方面予以支持，深化经营主体、能人大户带动作用，促进贫困村、贫困户持续稳定增收；坚持扶贫与扶智、扶志、扶业、扶技相结合，加强宣传教育，推进更多有条件的贫困户开展自种自养。“一村一品”推进行动。引导各贫困村加快培育特色主导产业，大力发展“一村一品”，力争每个贫困村都发展一项当家产业。强化培训指导，营造良好氛围。持续开展“日常培训+包保指导”，落实业务人员下乡集中培训，包保单位个别指导的工作机制，充分调动乡镇、村工作积极性和主观能动性，以及新型经营主体、能人大户、职业农民参与脱贫攻坚的积极性，营造“政府主导、社会广泛参与”的良好社会氛围，凝心聚力，为打赢脱贫攻坚战和深入实施乡村振兴战略提供坚强的后盾。

王寨镇明珠合作社负责人焦明珠说：“是党的好政策让我提前致富，饮水当思源，我会把着力点放在回报社会上，带动更多贫困群众发展产业，实现合作社、社员、周边贫困群众共同发展、共同富裕的目标。”据了解，该合作社以葡萄、苹果、桃及辣椒、胡萝卜、苞菜等蔬果种植为主导产业。去年进入丰收期的600亩优质桃，以高品质获得市场青睐，每斤销售价格高于市场价0.3元，仅此一项经营收入达120万元，带动的23名贫困社员人均收入8000元。

互助产业提高幸福指数

“每月400元，虽然不多但俺已是吃不愁穿不愁了。”3月10日上午，65岁的王寨镇后洼村贫困户孙书侠老人乐滋滋地说。2018年4月，劳动力不强的孙书侠老人，经过系统技能培训正式上岗成为一名扶贫互助岗人员，承担起同村及邻村共3户贫困老人的护理工作，为他们提供清理卫生、拆洗被褥、康复护理等多方面的服务。

萧县按照“安置对象精准、岗位设置精准”原则，先后设置了助老、助残、助医等互助岗位；制定了符合实际、切实可行的岗位管理办法，明确了上岗人员的服务职责、服务内容、服务方式，出台了上岗人员和被帮扶对象的聘用纳入标准及程序，确保各项工作有章可依，有据可循。截至目前，全县累计开发扶贫互助岗安置贫困人员3198人，帮扶贫困对象11176余户，既让贫困户就近就业脱贫，又帮助特困群体脱困，提高了幸福指数。

该县的扶贫互助岗实行阶梯补贴办法。扶贫互助岗人员按照本年度当地小时最低工资标准领取岗位补贴，服务3户即可领取基础补贴400元，3户以上按每户每月50元递增，最高不超过7户。补贴资金从县扶贫互助岗专项资金中列支。为确保该项工作顺利开展，该县出台了《萧县扶贫互助岗专项资金管理办法（试行）》，建立扶贫互助岗专项资金支持机制，整合有关财政、社会捐赠、村集体经营收入等类资金，不足部分由财政补贴，足额保障，形成了多元化、可持续的专项资金保障机制。自设置扶贫互助岗以来，共计发放补贴资金1491.39

万元。

确保为最合适的贫困群众提供最适合的岗位，为最有需求的贫困群众提供最好的服务。这是萧县设置扶贫互助岗的初衷。为此，该县通过建立菜单式培训机制，建立县乡村三级联动、上下贯通的网格化管理网络，制定按需设岗、以岗定员、岗需互选办法以及相关的考核办法等系列措施，保证扶贫救助岗制度贯彻落实。

精准扶贫互助岗是一种造血式扶贫手段，为有劳动意愿但劳动能力较弱的贫困人口专门设置的互助养老、互助托幼和互助助残等专业岗位，对老弱病残幼群体提供日常照料、就医护理、助残服务、代办事项、情感疏导等由政府购买的有偿服务；既让上岗的贫困户实现就近就业脱贫，又使被服务的深度贫困群体实现脱困。

电商产业撑起致富梦想

每天清晨，祖楼镇张湾村电商李传红正就忙着给自己的商品配上相应的文字和精美图片发到朋友圈。他一边忙着手中的活，一边饶有兴趣地唠起创业经历：“去年初，我在政府扶持下学会了电商经营技巧，干起电商业务。在站点运营团队的持续帮助下，我陆续开了淘宝店、微店，各种商品不断上架、完善。”说到此，他喜滋滋地转过头满脸成就感地说：“现在我的网店月营业额稳定在 1.5 万—2 万元，可获得分销收入 3000 元左右；俺不仅脱了贫，还能长期发家致富。”

据萧县扶贫局相关负责介绍，2018 年该县实施了电子商务进农村综合示范项目建设，推行了“电商 + 基地 + 合作社 + 农户（贫困户）”“你种我销，你养我卖”“一企（站）带多户”等多种电商扶贫模式；同时开展以电商扶贫为主题的系列培训工作，真正做到电商知识进村入户，全县已有 260 个行政村建起农村电子商务服务站点。

据该县商务局负责人介绍，2018 年以来，萧县通过电商助销农特产品、带动就业、开设网店创业等方式帮扶带动贫困户 2152 户，户均增收 1860 元；2018 年全年新培育 157 个电商经营主体；有 1 个乡镇和 5 个行政村被评为“省级电商示范镇”和“省级电商示范村”。

"烫手山芋"成了"宝贝疙瘩"

——内蒙古科右前旗秸秆综合利用实现精准扶贫见闻

马晓刚　李　昊　康　宇

"不烧一把火，不见一缕烟，秸秆变成钱，大家笑开颜。"这两年，这句顺口溜成了内蒙古兴安盟科右前旗每个村子最流行的一句话。

科右前旗作为农业大旗，拥有416万亩耕地，玉米、水稻、甜菜、马铃薯是主导产业，每年仅玉米秸秆就达110多万吨。秸秆曾是当地农民烧火做饭、喂牛喂羊的好原料，但随着农村生产生活方式的转变，秸秆渐渐失去用武之地，用不上、烧不得、没处扔，成了让农民

当地农户正在将秸秆粉碎后打包

和基层干部头疼的“烫手山芋”。

近年来，科右前旗为解决这“老大难”探索出了新办法，秸秆综合利用串起一条低碳环保、百姓增收致富、取之农业又反哺农业的“绿色产业链”。

农业废弃物“变废为宝”

小秸秆要拉动大产业，政府解放思想、出台政策、积极引领是关键所在。

2015年，兴安盟与国际绿色经济协会及中国农业经济学会共同主办了全国性秸秆产业化大会，拉开了兴安盟秸秆产业化序幕。2016年，原农业部、内蒙古政府将兴安盟列为秸秆资源综合利用试点地区，推动兴安盟秸秆综合利用跨越式发展。

近年来，科右前旗作为全区秸秆综合利用样板县，始终坚持绿色发展理念，引进优质新型企业助推产业发展，2016年，爱放牧生物质新材料有限公司（以下简称“爱放牧集团”）入驻科右前旗以来，该旗已构建了一条绿色产业链，实现农业废弃物综合循环利用。

爱放牧集团是内蒙古首个万吨级秸秆生物质综合循环利用项目，总投资1.7亿元，年生产炭基缓释复合肥9万吨，采用国际领先的秸秆中低温厌氧快速炭化分离技术，生产生物质炭基肥、高端专用肥、液体叶面肥、土壤改良剂等系列产品。

“公司始终坚持‘立足农业、高效利用、循环利用、绿色创新、反哺惠民’的经营理念，把秸秆经过炭化处理后，变成炭化肥料，实现环境效益、经济效益、社会效益，推动农业可持续、可循环发展。使用生物炭基肥，能节省肥料、农药支出，实现增产，每亩可增收255元。”爱放牧集团负责人于哲伟说。

据了解，爱放牧集团的入驻，还有效化解了政府在环境整治问题上与群众的矛盾，农民们不再随意乱烧乱扔秸秆，道路干净了，环境变好了。俄体镇齐心村村民马文军高兴地说：“现在秸秆能卖钱，能换肥，看我们村多干净！”

脱贫攻坚战线上的“生力军”

“政府部门要及时了解掌握企业发展情况，有针对性地提供政策服务。”

“让企业减税降负，确保民营企业应享尽享。”

一个个掷地有声的优惠政策，让科右前旗民营企业的发展迎来了春天。科右前旗提升政府服务，优化高效便利的“软环境”，努力增进外来企业的归属感，在政策允许的范围内，为每个企业量身定制优惠条件。

“政府不仅给我们提供优厚的招商政策，还千方百计为企业发展保驾护航。去年企业退税 172.6 万元，让我们感到政府亲商、优商的态度，我们一定会打出一片新天地。”于哲伟坚定地说。

爱放牧集团在做大做强的同时，投桃报李，积极争当社会帮扶排头兵，成为科右前旗脱贫攻坚战役中一道亮丽的风景线——

近两年来，爱放牧集团累计为各类公共福利事业捐款捐物，折合人民币达 100 万元。

2017 年 12 月，爱放牧集团向巴日嘎斯台乡兴村源颗粒厂和归流河镇禾清源颗粒厂共捐助 4 万元人民币，帮助建档立卡贫困户购置生产资料。

2018 年，爱放牧集团在归流河镇北民河村、大石寨镇勿布林村建立秸秆扶贫造粒车间，每村设备投资款近 40 万元，可为村集体每年每村增收近 50 万元；同年，还在俄体镇景阳村和团结村建立两个玉米芯、玉米秸秆收储站，可有效带动建档立卡贫困户近 300 户，每年为村集体增收近 50 万元。

兴安村村民包田喜说："以前这些秸秆只能留在田里烧掉，现在一亩地的秸秆能卖 160 块钱。"

今年以来，科右前旗按照一个企业带动一方群众的理念，通过政府搭台、企业唱戏、产业带动，助推了该旗农村贫困户脱贫致富，极大提高了农牧民生活水平。

"小秸秆"撬动"大扶贫"

今年春耕期间，科右前旗市场上的新兴肥料"热卖"。"我今年是用20多亩地的玉米秸秆跟公司换的炭基肥料，这个肥用着效果不错。"居力很镇红心村贫困户王远峰说。

去年，爱放牧集团推出"百村千户秸秆换炭肥行动"，凡是接受集团赠肥的建档立卡贫困户，每年都可以用废弃的秸秆换取第二年需要使用的炭基肥料。

去年，该集团累计赠肥量高达 70 多吨，总价值 30 多万元，覆盖 50 多个村，有 600 多户建档立卡贫困户受益。

比这些更重要的是，秸秆的综合利用技术有力地推动了当地扶贫工作的发展。去年，由爱放牧集团、科右前旗人民政府和合作社共同出资，在科右前旗建设了 5 家村级秸秆造粒"扶贫车间"。

"扶贫车间"由村合作社提供厂房和存储秸秆场地，旗政府和爱放牧集团出资购买生产秸秆颗粒设备，并由爱放牧集团提供秸秆颗粒生产技术支持，签订订单回收秸秆颗粒。

秸秆造粒设备生产线投资约 50 万元，每年可生产近 1 万吨秸秆颗粒。这 5 家村级秸秆造粒“扶贫车间”已实现年收入 550 万元，解决了 8 户建档立卡贫困户就业问题。此外，爱放牧集团还用利润的 2% 成立扶贫专项基金，通过岗位扶贫、就业扶贫联结机制，帮助贫困户脱贫。

合作社“百花齐放”　贫困户“筋强骨壮”

——河北清河县发展现代农业带动产业扶贫

郝凌峰　许金亭

河北省清河县在脱贫攻坚战中，积极引导全县各农民专业合作社通过发展现代农业，走规模化、绿色发展之路，在自身发展壮大的同时，带动贫困农民一同奔小康，收到了喜人成效。据悉，该县共有建档立卡贫困户7200户14382人，近两年靠农民专业合作社的帮扶，已有6352户11717人摘掉贫困户帽子，余下贫困户有望在2020年前全部实现脱贫。

典型引路　走规模化、绿色发展之路

清河县日月农民专业合作社成立于2013年4月，6年来带动300多户820余人走上富裕路。县委县政府把该社树为典型，采取大会表彰、现场观摩和媒体推介宣传等形式，在全县进行推广。

1981年，韩冬雪大学毕业后回到家乡，搞起瓜果蔬菜种植。因没有规模，产品只能在周边吆喝着卖，费力不小，效益却很不理想。再看乡亲们，也都是车推肩挑串村或赶集市卖，有时卖不出去，只能白白烂掉。

韩冬雪静下心来进行了市场调查，发现一些蔬菜商贩从外地批发来的“无害化果蔬”很受欢迎，不但卖得火，价格还高出不少。这使

她受到很大启发：必须走规模化绿色种植之路。韩冬雪有了成立合作社、带动乡亲们种植无害化果蔬的想法。几经筹备，清河县日月农民专业合作社正式挂牌了。

韩冬雪四处联系，与奶牛饲养场、养羊场、肉牛饲养场签订协议，购买牛羊粪。合作社一上路，就按照无害化标准施肥、播种和田间管理。虽然提高了成本，却赢得了好口碑，由本地市场逐渐扩展到京津冀的一些大城市。千禧果在北京、天津、石家庄等城市的超市卖到6元/斤，一棚3亩大千禧果收入就近2万元；比较廉价的韭菜，仅中秋节和春节、元宵节三茬就收入1.2万多元。

随着市场的不断扩大，合作社又投资300多万元，把暖棚由起初的6个扩展到12个，冷棚由30个扩大到68个，绿色种植逐步走上规范化发展之路，今年夏季已申报“日月牌”无公害农产品认证。

韩冬雪说，办合作社不仅是为了自己致富，还要带动更多的贫困户一同奔小康。油坊镇赵店村的赵金柱，是个60多岁的独身老人，因腿有残疾不能下地干活，成了贫困户。韩冬雪主动找到他家，让他为合作社看大门，不但提供一日三餐，每月还发给他2000元工资。在看望这位老人时，他激动地说：“冬雪有一颗大爱之心，她是我们贫困户的贴心人！”

“合作社以扶贫为圆心，无论在什么情况下都不亏待打工的农民。”韩冬雪讲了件事儿，去年冬天一场狂风暴雨把合作社的大棚砸了个乱七八糟，损失了60多万元。员工们心想，这下咱们的工钱没准了。韩冬雪看出了员工们的担心，为了让大家安下心来，找亲朋好友借来一笔款，提前把工资发给大家，并带领大家加班加点整理修复被毁的20多个大棚，种上了高端瓜果蔬菜。通过加强管理，春节期间产品就上市了，一棚“礼品瓜果”收入5万多元，把暴风雨造成的损失补了回来。

差异化推进 做到“百花齐放”

清河县在推进产业扶贫中，注重引导农民专业合作社在坚持绿色发展主基调的同时，创新办场办社，做到“百花齐放”。

西赵庄盛世庄园的葡萄采摘，火了乡村旅游；东野社的1200亩桃园，吸引来了京津冀络绎不绝的运输车辆；坝营镇现代农业园区的四季蔬菜，火了区域内的批发市场……

各打各的优势仗，强壮了合作社的“筋骨”，也加快了农民脱贫致富的步伐。高裴村农民王垂耀，流转了680亩土地，闯出了一条发展富硒农业的致富之路。他采用科学方法，施足富硒底肥，在农作物生长的关键节点上喷施叶面硒肥，种出的黑小麦每公斤含硒量达700微克，小米达650微克，玉米、红薯等农作物也通过权威部门检测达到了富硒标准，产品畅销全国20多个省市区。

现在，王垂耀正朝着“种养结合”的循环发展之路发展壮大：利用自产的富硒玉米秸秆做饲料，饲养富硒蛋鸡、富硒肉牛等，力促富硒家庭农场更上一层楼。常年或季节在王垂耀农场打工的有30多名农民，农场每年发给这些农民的工资就达60多万元。

这几年，在差异化中找准市场定位已成为清河县农民专业合作社的共识。

韩冬雪说，我们从不“随大溜”，例如甜瓜，既种植年轻人爱吃的“绿宝”，又种植老人喜爱的“绵甜瓜”。今年合作社引进日本的新品种“小玉西瓜”，5月份头茬采摘时，郑州、济南、太原等地的商客络绎不绝，在合作社打工的几十名员工，一连几天加班加点采摘、打包、装车，虽然忙得不亦乐乎，整个合作社却是笑声一片。

在大田作物上，日月合作社也不与周边合作社“挤一条路”。日月合作社种植的800多亩小麦，每年都会提前签好协议，作为几家种子公司的育种基地。每当小麦抽穗后，就派员工一垄垄地“提纯复壮”，每亩比普通小麦多卖300多元，每年为合作社增收24万多元。

“别人有的，我们也能千方百计变为‘优’。”韩冬雪讲了一个故事：原先合作社的200多亩冷棚韭菜，与其他合作社一样，采摘韭菜花以每斤3元的价格卖给酱菜加工厂。后来了解到韭菜籽富含维生素C、胡萝卜素、钾、钙等微量元素，具有温补肝肾的功效，便大胆创新，购买了烘干、研磨、包装等设备，改做韭菜籽粉加工。去年夏天，他们带着韭菜籽粉参加第三届京津冀产品对接大会，40克重的小包装，一袋能卖到15元。

农业结构优化 农村人均收入1.3万元

近两年来，全县农业结构发生了明显的变化，设施大棚的果蔬及露地菜随处可见，经济作物的种植面积已占到全县总耕地面积的10%以上；粮食作物种植面积虽然减少了，但总产量却逐年提高，连续两年增幅在10个百分点以上，全县农村人口人均收入达1.3万元。

据县扶贫办的负责人介绍，全县尚有贫困人口958户2238人，到2020年实现全面脱贫更有把握了。

“无害化山楂”“无害化金银花”“无害化大蒜”“无害化肉牛”“富硒小米”“黑小麦”……清河县一批绿色农产品品牌崭露头角。前屯村的犇鑫肉牛养殖场，靠种植的800亩玉米作肉牛饲料，400多头牛的粪便发酵后施在120亩苹果园里，兼养蚯蚓，利用蚯蚓饲养2000只鸡，鸡粪填入沼气池用来发电供养殖场照明。靠着这样的绿色循环，肉牛养殖场每年就有400多万元的收入。肉牛场收益好，打工的农民工也沾光。每逢节假日上班，他们都享受国家规定的双倍工资。

脱贫有了带头人，农民致富的步伐更快了。连庄食用菌合作社负责人孙鹏涛，是个走路靠双拐的残疾青年，他培育的各类菌菇远销全国各地。孙鹏涛发家致富后不忘众乡亲，连续举办了三期食用菌生产免费培训班。为了支持学员们发展菌类生产，孙鹏涛还免费提供菌种，拖着残疾的双腿进行现场指导，带动了30多名残疾青年脱贫致富。

孙鹏涛（右）在给学员讲解平菇培育技术

携手贫困户一同奔小康，正成为清河县各农业合作社负责人的共同心声。西赵庄村多数农民原来都是靠农业种植过日子，农民收入处于全县下游。结合美丽乡村建设，有个叫赵玉芬的年轻妇女，流转了2000多亩土地，投资建设了集休闲旅游、观光采摘为一体的庄园，园内种植了国槐、梧桐、垂柳、白杨、白蜡等树木，林下养殖了上千只鹅，还种植了60亩巨峰葡萄，平日游客不断，每逢节假日，还吸引许多城里人来这里观光旅游。村里有60多个村民在庄园里打工。村民崔之其年过六旬，全家4口人靠着6亩薄田过日子，每年收入5000多元。土地流转后，每年仅流转费就有6000元，再加上他打工收入的2万多元，收入比原来提高了4倍多，一举摘掉了贫困户的帽子。

构筑助贫带困“强磁场”

——四川省苍溪县探索产业长效扶贫观察

张艳玲

一块块散落于崇山峻岭间的山坡地，能有多大潜力？他们干成了大大小小上百个现代农业产业园，托举起全县几十万亩特色优势产业。

一个个农家院落房前屋后的犄角旮旯，能有多大用处？他们干起了10万余个户办庭园，带动全县几十万农民加入新一轮产业发展大潮增收致富。

一颗颗生于斯长于斯的红心猕猴桃，能有多大能耐？他们干成了一个年产值近百亿元的扶贫支柱产业，带动全县2万余户建档立卡贫困户进入脱贫“快车道”。

这是一个发生在新时代的山区产业扶贫故事，这是四川省苍溪县80万干部群众群策群力创造的产业扶贫样本。作为国家扶贫开发工作重点县、秦巴山区连片扶贫工作重点县，2018年苍溪全县贫困发生率由2014年的13.9%下降至1.1%，脱贫人口人均可支配收入中产业就业收入占比高达67.2%，贫困户产业覆盖率达95%，产业带贫助困“磁场”效应日益凸显，红心猕猴桃、中药材、健康养殖三大产业集群向着“百亿元”目标加速发力，精准扶贫和产业发展之间呈现出“互相促进”的良性循环态势。

2019年，苍溪将整体脱贫摘帽。这个位于秦巴山脉南麓、嘉陵江中游的川北山区县，是如何让产业成为贫困群众增收“主渠道”的？如何实现增收的稳定和可持续性？“苍溪经验”会给我们带来怎样的启发？

“三园联动”：将贫困群众聚到致富产业上

面对基础设施薄弱落后、农村精壮劳动力外流等共性问题，近年来，苍溪以现代农业园区建设作为主抓手，通过政策引导和项目扶持，土地、资本、科技、人才、信息等现代要素不断向园区集聚，一座座现代农业高地在苍溪拔地而起。

青龙现代农业产业园覆盖岳东、河地、运山、文昌等4个乡镇、20个村，2.82万亩红心猕猴桃蔚为壮观。2018年，通过“基地＋加工＋营销”全产业链开发，该产业园带动园区内10个贫困村、750户贫困群众实现人均产业加就业收入8250元。

苍溪县委领导表示，为了保证发展能力较弱的贫困村、贫困户在产业发展中不掉队，苍溪在重大项目实施和产业资金使用上，都将扶贫带困作为重要的制度目标，逐步探索形成了“县建现代农业产业园—村建特色产业扶贫园—户建自强脱贫增收园”的“三园联动”发展路径。

2016年底，石马镇红凤村大刀阔斧改土建园，吸纳全村22户贫困户参与，按统一规划、统一放线、统一技术、统一改土、统一种植和分户管理的“五统一分”模式，将山梁上的“荒坪坪”发展成了助贫解困的“金土地”，成为第一批建产业扶贫园的村子。

在微观层面，苍溪按照户有1个自强园、1名技术明白人、1条接组通村产业路、1套旱涝保收水利设施的“四有”标准，激励贫困户建脱贫自强园自主脱贫。

2016 年，文昌镇权家村 3 组贫困户权映昌在政策支持下，种植 4 亩红心猕猴桃，养殖 3 头猪和 50 多只鸡。据权映昌介绍，去年猕猴桃初产卖了 1.7 万多元，养猪卖了 5000 多元，养鸡卖了 2000 元，全家实现了稳定增收脱贫。

据统计，新一轮脱贫攻坚以来，仅猕猴桃产业，苍溪全县就有 1.8 万户建档立卡贫困户参与种植 3 万余亩，带动贫困户人均增收 2000 余元。

如今，苍溪已建成万亩现代农业园区 19 个、村产业扶贫园 69 个、“自强农场”1.56 万个，构筑起红心猕猴桃、中药材、健康养殖“三个百亿元产业”集群发展格局。

四川省社会科学院研究员、博士生导师郭晓鸣认为，“三园联动”模式真正实现了产业发展和精准扶贫的深度融合，既避免了为扶贫而扶贫、零碎化发展“短平快”产业的不良倾向，又摆脱了一味追求迅速上规模而将贫困人口挤出的发展陷阱；既充分发掘了贫困户直接参与产业发展的增收潜力，又为当地优势产业发展带来了强大的扶贫资源。

“三产互动”：把贫困群众嵌入增收链条中

在苍溪县陵江镇嘉陵路上，有一条电商步行街，聚集了苍溪县几十家农产品电商企业，融合了电商人才培训、农特产品包装设计等众多功能，成为助推苍溪农特产品上行的强大引擎。

2017 年“双十一”，苍溪举办首届电商节，27 家企业、300 余位个人网商在多个网络销售平台卖出 1520 万元农特产品，其中红心猕猴桃单品销售额突破 400 万元。

电商引领苍溪走上了一条更为宽阔的脱贫路。元坝镇芦溪村贫困户李文军通过村里的电商便民服务点把种植的核桃、藕、生姜等农产品卖到了千里之外的上海，白驿镇岫云村贫困户通过村里搭建的“滴滴养猪”平台拿到了来自省会成都的订单——按农村传统方式为城市家庭饲养年猪。

苍溪的农特产品不仅越卖越远，而且产业附加值还越做越高，链条越来越长。一颗小小的猕猴桃，能玩出多少花样？酵素、含片、果酒、饮料、口服液保健品……走进苍溪猕猴桃加工园区，30多种猕猴桃深加工产品映入眼帘。

一个山区县的农业园区，能有多少看点？县城以西16公里，位于东青镇的寻乐书岩现代农业园区，是苍溪县第17个万亩现代农业园区，更是一处国家4A级旅游景区；紧邻县城的苍溪梨文化博览园则是中国目前规模最大、品种最丰富的梨文化主题公园。

一二三产深度融合让苍溪乡村产业发展之路越走越宽，新产业新业态层出不穷，这为贫困群众增收找到了新的着力点。

年加工处理猕猴桃3万吨、产值达8亿元的3个猕猴桃加工园区吸纳用工5300余人，其中贫困人口就达2400余人；苍溪本土成长起来的果王、毅力等猕猴桃加工龙头企业年吸纳本地1200余人务工，其中贫困户占了绝大多数，年人均务工收入达2.5万元以上；10个休闲农业旅游景区、3条乡村旅游精品线路、187家休闲农庄、215家乡村民宿，“国家休闲农业与乡村旅游示范县”的创建让全县800多名贫困户吃上了旅游饭。

“机制带动”：为贫困群众装上增收“助推器”

根据贫困村、贫困户发展资源短缺、参与能力有限的实际，在推动产业发展的同时，苍溪从2014年起开始探索将财政支农资金和产业配套资金部分股份量化，分配时重点向贫困户倾斜。全县试点村股权量化资产超过 3000 万元。

永宁镇金兰园区在推行股权量化分红时，将扶贫投入产业发展资金的 20% 计 144 万元折股给 127 户贫困户，这让每名贫困群众可以比普通群众多 5.67 股，由新型经营主体年终按股分红。贫困户们还承诺：在脱贫 3 年后将其持有的产业发展资金的 20% 量化股权收归村集体经济组织，成立村级扶贫互助基金，主要用于救助因灾返贫、因病返贫的困难群众或给新增贫困户配股。

苍溪县县长表示，财政投入的股份量化不仅奠定了贫困村和贫困户参与产业发展的经济基础，保障了国家的投入最大限度地惠及普通群众尤其是贫困人口，而且让从事猕猴桃产业的业主与当地集体经济组织和群众结成利益共同体，从而共促产业发展、共享发展效益。

2017 年，苍溪出台《关于建立完善农业企业与农民更紧密利益联结机制的实施意见》，提出了推动构建包括流转聘用、服务协作、订单合同、股份合作 4 种利益联结模式。在此基础上，各类针对贫困户的升级版联结机制被基层干部群众自发地创造出来。

石门乡中梁、三林、铧山 3 个村利用得天独厚的自然条件，整合东西部扶贫协作项目等资金 649 万元，打造规模化生态水产养殖基地，建立利益联结机制。"在 649 万元的总投资中，20% 折算为村集体股，20% 折算为贫困户的扶贫股，10% 折算为村股份经济联合社发展股，50% 折算为 941 户农户产业发展股。"据该乡相关负责人介绍。

在苍溪县财政局公示的 25 个 2018 年东西部扶贫协作项目里，有 22 个都是实打实的产业扶贫项目，而注重构建多元化的利益联结机制以促进产业扶贫的持续发力是这些项目的最大共同点。

建立稳定可持续产业
建设生态宜居美丽乡村

——广西兴安县推动脱贫攻坚与乡村振兴有机衔接

何定明　李　锐　姚　媛　李春荣

“三乡七肆六十屯，一渠两岸百里画。”公元前218年，秦始皇命史禄开山凿渠，引湘江济漓水，连接长江与珠江两大水系。

灵渠所在的广西壮族自治区桂林市兴安县，是“十三五”精准扶贫面上县。截至2018年底，全县累计实现3442户11944人脱贫和22个贫困村摘帽，贫困发生率从2014年5.53%降至2018年1.83%。

“如何让贫困村实现稳定脱贫？如何让贫困群众稳定、可持续地走向全面小康？农村的产业是重要的支撑。”兴安县委书记说，“这就要求，在脱贫攻坚中要科学谋划贫困村的长远发展，真正建立稳定、可持续的产业，建设生态宜居、产业兴旺的乡村。”

灵渠岸边　风景这边独好

距离兴安县城5公里的兴安镇三桂村东村，灵渠的南渠穿村而过，这里居住着世代看守灵渠的“陡军”后裔。沿着从灵渠引水的河渠，走在村里的硬化路上，满眼是郁郁葱葱的绿色，随处可见插着写有“陡”字的红旗点缀其间。石拱桥、竹林小道、壁照……每隔一段，就能看见一处匠心独具的乡村景观。村落中，青瓦白墙的传统桂北民居，彰显出古朴大方的气质。休闲广场、戏台已经完工，整个村子十分宁静，却隐含着蓄势待发的劲头。

2018年，兴安县正式启动“百村示范，千村整治”乡村振兴“百千工程”，计划用3—5年的时间，整合投入5亿—7亿元资金，在全县范围选择100个自然村作为示范村，1000个自然村作为整治村，全面推进农村环境整治和基础设施改造提升。“在推进‘百千工程’的过程中，兴安县创新机制，以奖补政策为引导，将主动权充分赋予老百姓，实行‘村事村办’，污水处理、改厨改厕改圈、微菜园和微花园建设、道路硬化、篱笆墙建设等，涉及的一系列集资、建设、协调工作，都交给村民小组（自然村屯）完成，县里只负责验收，验收通过即给予相应的奖补资金。”该县县委书记说。

三桂村党总支书记季永辉介绍，东村人出资100万元，结合农村建设用地增减挂钩，整合宅基地20余亩用来进行基础设施建设和垦复耕地，流转土地近百亩进行绿化、香化、花化，拆除低矮附房，整治湘桂铁路沿线环境，整治村内黑臭水塘。在镇党委政府的协助下，多渠道筹资筹劳500多万元完成了进村主干道硬化，新建了篮球场、生态停车场、休闲广场、戏台，完成给水管道铺设、村内古道修复、村内道路硬化等基础设施建设。

“由贫困村向小康村转变，用好灵渠文化和生态优势，乡村休闲旅游是好路子。下一步，我们要开启合作化道路，东村的农产品销售、餐饮、住宿等，将形成完善的经营方案。”季永辉说。

近年来，兴安县着手对漓江上游灵渠流域沿岸70余个自然村屯进行了改造提升、环境整治和设施完善，引导群众发展生态农业、休闲农业和乡村旅游。创建农业旅游示范点、民居旅游示范带，开发精品旅游线路，乡村旅游正改变着灵渠两岸人的生活。

主导产业　三产融合见效

在界首镇兴田村，村民蒋年生和老伴唐双凤正在橘林里采摘着蜜橘。“我家以前种水稻，日子不好过。种蜜橘可不一样，现在的价格达到 1.1—1.2 元 / 斤，今年预计能收入 5 万元。”2013 年，蒋年生为了治疗颈椎病，家中曾欠下 3 万多元的外债，成了贫困户。靠着 7 亩地的柑橘产业，他 2017 年还清了外债，2018 年顺利脱贫。

界首镇兴田村柑橘种植大户邹玉荣在采摘柑橘

兴田村所在的兴安县是红色湘江蜜橘产业（核心）示范区，涵盖界首镇、湘漓镇，主要种植南丰蜜橘和冰糖橙，总面积 5.7 万亩，其中核心区面积 1.1 万亩。示范区内优化组合各种生产要素，统一组织标准化生产。示范区内有龙头企业、水果包装加工企业、种植专业合作组织及家庭农场，形成了种植、加工、冷藏、销售一条龙的蜜橘产业链。

与此同时，核心示范区依托中国历史文化名镇、红军长征湘江战役界首渡口、红军指挥部“红军堂”旧址、光华铺阻击战旧址等红色旅游资源，充分发掘柑橘产业的休闲观光功能，开展采摘活动、创意农业体验等项目。示范区整合资源，建设大车头、屯川两个生态新村，并在湘江沿岸建设了总长约 6.2 公里的滨水休闲绿道，修缮了从界首渡口遗址到光华铺阻击战遗址的红军路（湘桂古道），重走长征路等红色旅游方兴未艾。

兴安县素有南方吐鲁番的美誉，溶江镇、严关镇是其葡萄主产区，兴安县以灵渠为中轴，规划了覆盖 13 个村委、110 个自然村，总面积达6.6万亩的兴安县灵渠葡萄产业（核心）示范区，有贫困村3个，贫困户 443 户 1567 人。

示范区按照“经营组织化、装备设施化、生产标准化、要素集成化、特色产业化”的要求，在大大加强基础设施建设的同时，也提升了示范区内现代农业发展水平，产业发展后劲得到进一步加强。同时，建设了灵渠（南渠）28 公里绿道，建设了马头山庄五星级乡村休闲农业旅游点、三米驿站民俗文化村落、莲塘生态宜居新村、黄茅坝葡萄新村、葡萄文化展示中心等农业景观，将灵渠水韵、田园风光、新农村风貌、农闲山庄串联在一起，打造出一条优美的休闲观光旅游带。

“兴安县在谋划扶贫产业时，目光更加长远，更注重‘接二连三’，发展农产品加工业，开发农家乐、民宿等乡村旅游业，促进城乡资源要素合理流转，带动就地城镇化，走可持续发展的路径，推动脱贫攻坚与乡村振兴有机衔接。”该县县委书记说。

转型升级　奔向乡村振兴

兴安县的“5+2”特色产业，分别是柑橘、优质稻、甜糯玉米、猪、土鸡、葡萄和毛竹，“一乡一品、一村一业”的产业格局初步形成。

“兴安县拿出3000万元资金，专门用于鼓励贫困村发展特色产业。为加强扶贫产业中科技创新的引领作用，围绕县‘5+2’、村‘3+1’特色产业选育要求，兴安县成立葡萄、柑橘、银杏、猕猴桃、百香果、鲜食玉米、食用菌等10个技术攻关组，走‘公司+基地+农户’‘专业合作社+基地+农户’的发展模式，通过合作社、致富带头人、驻村第一书记等，把科学技术送到贫困户手中。”兴安县委副书记黄小桂介绍说，“技术的普及带来的是产品附加值的提升，今年南丰蜜橘价格在1元/斤以上，优质稻价格在2元/斤左右，水果玉米的价格在1.7元左右……为扶贫产业的健康发展提供了有力的保障。”

从2010年起，高尚镇开始集成推广“稻—米—菜—花—肥”绿色高效粮食生产模式。每年4—8月全程机械化种植一季水稻，稻后免耕一季秋甜玉米，11月收获甜玉米鲜苞秸秆，其后撒播菜花，翌年2—3月收获两批菜薹，到春季菜花盛开时，一片金黄的菜花，吸引游人驻足游玩。待菜花采收，菜秆还田，又是最好的有机肥料。现在，这一生产模式已成为高尚镇脱贫攻坚的支柱产业，全镇540户建档立卡户中有347户参与该模式的产业，人均增收3000元，并辐射带动崔家乡、白石乡等乡镇贫困户脱贫致富。

与高尚镇的扶贫产业不同，曾是自治区级贫困村的兴安镇源江村虽然位置偏僻，但拥有得天独厚的环境资源。走进源江村，只见山上山下，尽是巨大的风车。据源江村支部书记侯文介绍，以前村集体没有收入。2011年，源江村的风电项目启动，引进了365台风电机组；以20万元财政资金入股风电企业，每年预计分红2万元；政府投入23.5万元建成太阳能光伏发电站，每年收入1.8万元。源江村以资源入股，集体经济将进一步发展壮大。

近年来，兴安县瞄准光伏、风电等绿色新能源产业，壮大村集体经济。兴安县利用财政资金投资 923.7 万元，为全县 28 个贫困村安装小型光伏电站，并入南方电网公司，每个贫困村每年可增收 3 万元以上；投资 1780 万元，为 76 个集体经济困难村和 26 个贫困村入股中电投广西兴安分公司，每个村每年的分红在 2 万元以上。目前，28 个贫困村村集体经济年收入均超过了 5 万元，非贫困村村集体经济收入能达到 3 万元以上。

“兴安县要切实把扶贫产业做深做实，推动县域经济高质量发展，从而在广西率先实现农业农村现代化。”该县县委书记说。

“京”心书写“文香故里”的富民画卷

——北京市对口支援拉萨尼木县脱贫攻坚工作纪实

李庆国　芦晓春

尼木，西藏拉萨市的一个县，被人们亲切地称颂为“文香故里”。虽有一定的资源优势，但同时长期存在“自然条件较差、地理位置偏远、资源禀赋不足”的“三差”实际，加之思想落后、生产力低下，“脱贫摘帽”全面建成小康社会的目标一直是当地难啃的“硬骨头”。“十三五”初期，尼木县识别建档立卡贫困户1259户5108人，脱贫攻坚任务艰巨。

自1994年中央第一次西藏工作座谈会召开以来，北京市坚持真心真情援藏，已有9批援藏干部、援藏医生和专业技术人员奔赴尼木县开展对口支援工作，累计投入援藏资金6.17亿元，援建基础设施、民生工程、扶贫产业等项目80多个，极大地促进了尼木县社会发展和经济繁荣。

在多年的对口援藏实践中，北京市各区结合尼木县实际，对口支援工作主动融入“现代尼木三步走”总体布局，进一步明确了产业、教育、医疗、人才等各方面的具体帮扶内容，开创了以建设“高原生态田园综合体”为主要内容的脱贫路子。如今，尼木县产业发展基础轮廓已经形成，一幅生态富民的生动画卷徐徐展开。

京企进驻尼木绘产业蓝图　藏鸡规模养殖实现零突破

在历史记载中，尼木县群众一直有饲养藏鸡的传统，经过多方调研论证，尼木藏鸡产业应运而生，并通过北京市援藏牵线搭桥，北京德青源企业正式进驻尼木县，实现了现代化规模养殖从“0”到“1”的突破。

从脑中“一张蓝图”到眼前“一幅实景”，离不开强有力的资金支撑。从2016年藏鸡产业项目实施至今，北京市先后投入援藏资金1.242亿元，建设尼木藏鸡原种保护基地一期、二期工程，投资2100万元的建档立卡贫困户藏鸡标准化养殖基地也相继建成，藏鸡生命仓、智能鸡舍、孵化厂、饲料加工厂、实验室等一系列现代化养殖车间拔地而起。

经过两年的品种培育，尼木藏鸡从原来年产蛋50枚至80枚提升到160枚，产蛋量提高了近3倍。截至2019年12月，尼木县藏鸡存栏5.2万羽，全年实现经济收益300余万元，直接带动建档立卡贫困户、低收入户65户390人年均增收1.2万余元。

尼木县藏鸡产业在对口援藏工作的助推下，度过了“爬坡过坎”的关键时期，现已基本形成集藏鸡品种培育、鸡苗育雏、饲料加工、鸡肉及蛋制品生产加工和集中养殖、林下养殖、庭院养殖于一体的藏鸡循环产业链条。与此同时，因地制宜建立了“党组织＋龙头企业＋合作社＋贫困户”的扶贫利益联结机制，大力实施“五年十万蛋鸡工程”，贫困群众在藏鸡产业发展中切身感受到了产业发展带来的红利。

昔日穷山沟变身“网红”地　全域旅游打造最美乡村

尼木县卡如乡，秀水环绕、花木葳蕤。这个曾经毫不起眼的小山沟，如今摇身一变，成了“拉北环线”旅游热门景点，卡如村更是获得了中国美丽休闲乡村、全国乡村旅游重点村的荣誉。

卡如乡的华丽转型，得益于北京援藏精准扶贫奔小康示范乡项目助推尼木县全域旅游产业发展。针对卡如乡地势狭长，耕地草场短缺的实际情况，北京市引入沟域经济发展新理念，充分挖掘千年核桃林、野生桃树林、高山灌木林、温泉地热和当地紧邻318国道的优势资源，先后投入援藏资金9000万元，实施乡村旅游、设施农业、文化创意、休闲服务项目建设，实现了产业融合发展和群众收入多元化。

目前，项目建成“核乡寻忆”民俗文化体验村、生态大桃采摘园、温泉休闲驿站、国家森林公园景区、游客综合服务区，采取“党组织+龙头企业+合作社+贫困户”带贫模式，促进贫困群众持续稳定增收。通过项目运营以及合作社经营，预计全乡59户建档立卡和低收入户2019年户均增收1.2万余元。

“咫尺应须望百里。”像卡如乡这般美丽的乡村画卷，正如雨后春笋般在尼木县快速涌现。对口支援及东西部协作携手奔小康战略，和党的十九大提出的乡村振兴战略一脉相承，尼木美丽乡村建设正快马加鞭，贫困群众喜笑颜开“共奔小康”。

荒滩建起航天育种基地　现代农业激发产业新活力

地处海拔4200米的尼木乡乌米组，山峦叠嶂，田垄交错，生机盎然。利用无土栽培的各类蔬果长势喜人，一条条有机基质槽均匀分布，一座座日光温室拔地而起，成为冬日茫茫田垄上一幅别样画卷。

“向青山绿水要发展，向生态田园要出路”一直是尼木县有机农业的发展思路。通过农业产业供给侧结构性调整，依托对口支援资金、技术优势，投资5499.2万元建设现代设施农业园，改变粗放的农产品生产经营模式，尼木县高原种植业航天育种及产业化推广应用项目就是其中的成功范例。

尼木县采用农业联合体经营方式，成立尼木净土公司，让过去从事传统农作物种植的群众参与现代设施农业生产，同时，建立党员干部“点对点”抓产业项目机制，充分发挥基层党组织和党员干部“桥头堡”“排头兵”作用，运用“走出去”学到的专业技术开展干群“传帮带”，着力打造职业农民和产业工人队伍，实现廉价低效的传统种植业向现代设施农业转型。

目前，产业园已完成建设智能连栋温室3835.21平方米、日光温室1.218万平方米及配套设施等，主要栽植经航天育种选育的辣椒、西红柿、西葫芦、茄子、黄瓜、南瓜、西瓜、甜瓜、树莓9个品种。2019年运营以来，种植果蔬预计实现经济收益40多万元，已兑现98户建档立卡贫困群众劳务分红12.62万元，最高分红达1.27万元。